영포지 초등 보카

초등필수 영단어
1000개

초등
보카

2판 3쇄 발행 2018년 11월 10일

지은이 | 최규리
펴낸이 | 김선숙, 이돈희
펴낸곳 | 그리고책(주식회사 이밥차)

주소 | 03720 서울시 서대문구 연희로 192 2층 (연희동, 이밥차빌딩)
대표전화 | 02-717-5486~7
팩스 | 02-717-5427
이메일 | editor@andbooks.co.kr
홈페이지 | www.andbooks.co.kr
출판등록 | 2003. 4. 4 제 10-2621호

편집 책임 | 박은식
편집 진행 | 심형희, 홍상현
마케팅 | 남유진, 장지선
영업팀 | 이교준
경영전략 | 문석현
감수 | Hugh MacMahon
교열 | 김혜정
디자인 | 양혜민, 미디어픽스 유재헌

값 9,800원
ⓒ 2018 최규리
ISBN 978-89-97686-74-2 63740
All rights reserved. First edition Printed 2013. Printed in Korea.

초등필수 영단어 **1000**개

영포자 초등 보카

교육부
지정 영단어
완벽분석

최규리 지음
Hugh MacMahon 감수

그리고책
and books

머리말

공부는 재밌어야 합니다. 배움에 흥미를 느끼고 성취감을 느껴봐야 열심히 공부할 수 있습니다. 초등학교 영어 교재를 보면 아이들의 이해 수준보다 높거나 학교 수업과 관련 없는 교재들이 많습니다. 특히 외국교과서나 원서에 집중하는 모습을 볼 때마다 학년이 올라갈수록 아이들이 겪을 어려움과 고통이 머릿속에 그려져서 굉장히 걱정스럽습니다.

창의력과 사고력이 풍부한 초등학교 아이들의 사고력을 간과하고 단순 암기를 반복시키면 일반적으로 공부에 대한 흥미를 잃게 되기 때문에 고학년으로 올라갈수록 성적이 떨어질 수밖에 없습니다. 그래서 '우리 아이는 초등학교 때까지는 잘했는데 점점 더 성적이 떨어진다' 고 걱정하는 부모들이 많은 것입니다. 즉, 초등학교 영어공부가 중학교 영어공부와 전혀 연결되지 않기 때문입니다. 이런 단절현상이 발생하는 원인은 무엇일까요?

● 내신과 관련 없는 어휘 공부는 지양해야 합니다

내신과 관련이 없는 어휘, 원서나 외국 교과서 속 어휘 등은 교육부 선정 단어가 아니기 때문에 외워도 수능까지 연계되지 않아 크게 도움이 되지 않습니다. 선행학습에 도움이 되지 않기 때문에 고학년이 될수록 방대한 어휘 암기를 따라잡지 못해 시간이 갈수록 높은 등급이 나오기 어렵습니다. 명문대를 준비하거나 내신 1등급을 원한다면 지금부터 수능과 관련된 어휘들을 기초부터 하나하나 잡아 나아가야 합니다.

● 영어에 대한 친밀감과 흥미를 높이는 공부가 필요합니다

학년이 올라갈수록 성적이 향상되길 원한다면 영어에 대한 친밀감과 흥미를 높이는 공부가 필요합니다. 이해력과 흥미를 불러일으키는 교재를 가지고 반복하면 똑같은 단어와 문장을 두 번, 세 번 볼 때마다 느낌이 다르고 해석을 하는 속도와 자연스러움이 달라집니다. 지루하고 어려운 교재로는 반복할 수 없습니다. 모든 언어가 그러하듯 영어도 반복 없이 실력은 절대 늘지 않습니다. 〈영포자 초등 보카〉로 아이의 내신 기본기를 꽉 잡아주세요. 초등학교때부터 다진 기초가 중고등학교 내신과 수능까지 영향을 줍니다.

● **첫째, 〈영포자 초등보카〉의 학습 대상**

영어공부를 처음 시작하는 학생 누구나 이 책으로 시작할 수 있습니다. 가장 적절한 공부 시기는 초등 6년입니다. 특히 초등학교 저학년은 그림만 보고 단어를 읽고 넘겨도 어휘에 자주 노출되기 때문에 영어에 금방 친숙해질 수 있습니다.

● **둘째, 중학교 이후의 공부를 위한 기본기 쌓기**

초등학생이 하기에 양이 약간 버거울 수 있지만 코믹하게 그려진 그림 알파벳을 보면서 공부하다보면 인내심도 생깁니다. 3~4번 정도만 외우지 말고 또박또박 끝까지 읽어도 눈에 보이는 성과가 바로 나타납니다. 열심히 읽다보면 영어가 쉬워지고 성취감도 느낍니다.

● **셋째, 4회독 하는데 최대 40일**

일반 초등교재에 비해서는 짧은 기간입니다. 교재의 구성상 이해가 빠르며 진도가 잘 나갑니다. 단순 반복 암기의 고통 없이 열심히 읽기만 해도 어느 순간 머릿속에 단어들이 쏙쏙 들어오죠. 40일 동안 4번만 읽어도 공부한 학생과 그렇지 않은 학생의 실력과 공부 습관의 차이는 이루 말할 수 없을 것입니다. 중간에 포기하는 교재는 다시 시작해도 끝까지 보기가 어렵습니다. 일단 1회독 할 때 까지가 가장 중요한 시기이므로 아이가 완독할 수 있도록 학부모의 지도가 필요합니다.

● **넷째, 단어의 발음기호를 읽기 어렵다면**

파닉스를 공부한 학생들은 단어를 쉽게 읽습니다. 그러나 우리 아이가 어휘 읽는 것을 어려워 한다면 먼저 6페이지의 발음 기호 관련 설명을 보도록 지도해 주세요. 발음 기호 설명이 어렵다면 QR 코드로 접속해 홈페이지에서 독음을 다운받아 독음을 보면서 공부해봅시다. 어휘를 정확히 읽을 줄 알아야 습득과 리스닝이 가능합니다.

핵심 구성과 특징

| 그림으로 읽기를 전체 3회독 한 후 문장으로 끝내기 부분을 공부합니다.

| 처음엔 **그림으로 읽기**를 봅니다.

| 혓바닥이 없으면 스펠링 **c**입니다.

| 혓바닥이 있으면 스펠링 **e**입니다.

| 얼굴이 동글동글한 형태는 스펠링 **o**입니다.

| 머리를 한쪽으로 묶은 형태는 스펠링 **a**입니다.

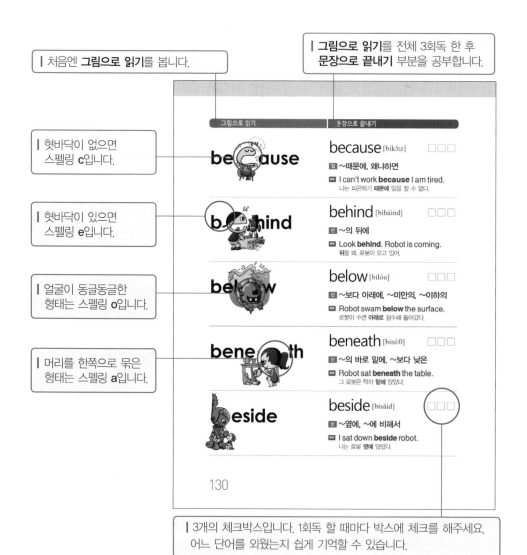

그림으로 읽기 / **문장으로 끝내기**

because [bikɔ́:z] ☐☐☐
젭 ~때문에, 왜냐하면
예 I can't work **because** I am tired.
나는 피곤하기 때문에 일을 할 수 없다.

behind [biháind] ☐☐☐
젭 ~의 뒤에
예 Look **behind**. Robot is coming.
뒤를 봐. 로봇이 오고 있어.

below [bilóu] ☐☐☐
젭 ~보다 아래에, ~미만의, ~이하의
예 Robot swam **below** the surface.
로봇이 수면 아래로 잠수해 들어갔다.

beneath [biní:θ] ☐☐☐
젭 ~의 바로 밑에, ~보다 낮은
예 Robot sat **beneath** the table.
그 로봇은 탁자 밑에 앉았다.

beside [bisáid] ☐☐☐
젭 ~옆에, ~에 비해서
예 I sat down **beside** robot.
나는 로봇 옆에 앉았다.

130

| 3개의 체크박스입니다. 1회독 할 때마다 박스에 체크를 해주세요. 어느 단어를 외웠는지 쉽게 기억할 수 있습니다.

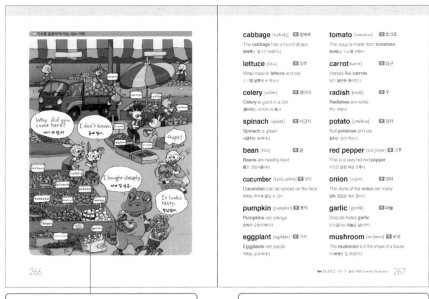

| 실생활의 모습을 표현한 그림을 통해 어휘를 쉽게 익혀봅시다.

| 직접 손으로 쓰면 정확하고 바르게 어휘를 익힐 수 있답니다.

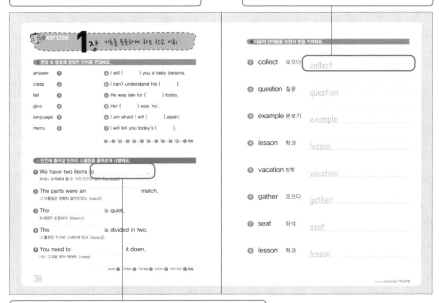

| 파트가 끝날 때마다 스펠링을 조합해보면서 단어를 확인할 수 있도록 연습문제를 구성했습니다.

발음 가이드

다음의 발음 가이드를 따라 2번 정독하면 영단어 읽기 더 이상 어렵지 않아요.

❶ 발음 기호를 보고 발음을 따라해 보세요.

발음 기호	구강원리
[a]	입을 크게 벌리고 목청이 떨리는 듯한 [아]
[e]	입술을 옆으로 최대한 벌린 형태를 유지 [에]
[i]	입술을 옆으로 최대한 벌린 형태를 유지 [이]
[o]	입술을 동그랗게 만들어 입안 전체가 울리게 [오]
[u]	입술을 모아서 앞으로 내민 상태에서 [우-]
[ə]	입술을 상하로 조금 벌린 형태를 유지하면서 [어]
[ɔ]	입술을 동그랗게 만들고, [어]와 [아]의 중간인 소리
[ʌ]	입술을 원형에 가까운 사각형 모양으로 벌리고, [어]
[ε]	입술을 원형에 가까운 사각형 모양으로 벌리고, [에]
[æ]	혀끝을 아랫니 안쪽에 내려 민 상태 유지 [애-] 길게
[d]	혀를 윗니 안쪽에 대고 있다가 혀를 떼면서 [드]
[t]	혀끝을 윗니 끝에 대고 있다가 혀를 떼면서 [트]
[n]	윗니와 아랫니로 혀끝을 조금 물고 있다가 떼면서 [느]
[l]	혀끝으로 입천장을 누르면서 [러]
[r]	혀를 말아 입안 중간에 띄우고 약하게 떨면서 [르]
[f]	윗니로 아랫입술 안쪽을 물었다가 떼면서 약하게 [프]
[m] [b] [p]	입술을 다물었다가 급하게 옆으로 벌리면서 [므],[버],[퍼]
[k] [g] [h]	아랫입술을 끌어내리면서 윗입술은 움직이지 않고 [크], [그], [흐]
[s] [z]	입술을 옆으로 최대한 벌린 형태를 유지 [스], [즈]
[tʃ] [dʒ]	입술을 모아서 앞으로 내민 상태에서 [츠], [즈]
[ʃ]	입술을 모아서 앞으로 내민 상태에서 [쉬]
[ʒ]	입술을 모아서 앞으로 내민 상태를 유지하고 [즈]
[θ]	윗니와 아랫니로 혀 중간까지 가볍게 물다 빼면서 [쓰], [뜨]
[ŋ]	입술을 가볍게 모아서 옆으로 벌리면서 [응]

❷ 50개의 발음 기호만 알면 자신 있게 읽을 수 있어요!

빈칸에 발음 기호와 발음을 써보세요.

번호	발음 기호	발음	발음 기호 쓰기	발음 쓰기	번호	발음 기호	발음	발음 기호 쓰기	발음 쓰기
1	[a]	아			26	[k]	ㅋ		
2	[e]	에			27	[g]	ㄱ		
3	[æ]	애			28	[f]	ㅍ		
4	[i]	이			29	[v]	ㅂ		
5	[ɔ]	오			30	[Ө]	ㅆ		
6	[u]	우			31	[ð]	ㄷ		
7	[ə]	어			32	[s]	ㅅ		
8	[ʌ]	어			33	[z]	ㅈ		
9	[a:]	아:			34	[ʃ]	쉬		
10	[i:]	이:			35	[ʒ]	쥐		
11	[ɔ:]	오:			36	[tʃ]	취		
12	[u:]	우:			37	[dʒ]	쥐		
13	[ə:]	어:			38	[h]	ㅎ		
14	[ai]	아이			39	[r]	ㄹ		
15	[ei]	에이			40	[m]	ㅁ		
16	[au]	아우			41	[n]	ㄴ		
17	[ɔi]	오이			42	[Ŋ]	ㅇ		
18	[ou]	오우			43	[l]	ㄹ		
19	[iər]	이어			44	[j]	이		
20	[ɛər]	에어			45	[w]	우		

번호	발음 기호	발음	발음 기호 쓰기	발음 쓰기	번호	발음 기호	발음	발음 기호 쓰기	발음 쓰기
21	[uər]	우어			46	[wa]	와		
22	[p]	ㅍ			47	[wɔ]	워		
23	[b]	ㅂ			48	[ju]	유		
24	[t]	ㅌ			49	[dʒa]	주ㅏ		
25	[d]	ㄷ			50	[tʃa]	추ㅏ		

[:]표시는 길~~게 소리 내는 장음입니다.

❸ 실전연습

발음 기호와 발음 익히기 부분의 회색 글씨를 따라 써보세요.

번호	단어	발음 기호	발음 기호 익히기	발음 익히기
1	waste	[weist]	[w e i s t] [우 ㅔ 이 스 트]	웨이스트 웨이스트
2	thing	[θiŋ]	[θ i ŋ] [ㅆ ㅣ ㅇ]	씽 씽
3	time	[taim]	[t a i m] [ㅌ ㅏ 이 ㅁ]	타임 타임
4	mother	[mʌðər]	[m ʌ ð ər] [ㅁ ㅏ ㄷ ㅓ ㄹ]	마덜 마덜
5	school	[skuːl]	[skuːl] [ㅅㅋㅜㄹ]	스쿨 스쿨

번호	단어	발음 기호	발음 기호 익히기	발음 익히기
6	friend	[frend]	[frend] [ㅍㄹ에ㄴ드]	프렌드 프렌드
7	year	[jiər]	[jiər] [이어ㄹ]	이얼 이얼
8	teacher	[ti:tʃər]	[ti:tʃər] [ㅌㅣ-춰ㅓ]	티춰 티춰
9	letter	[letər]	[letər] [ㄹ레ㅌㅓㄹ]	레털 레털
10	woman	[wumən]	[wumən] [우ㅜㅁㅓㄴ]	우먼 우먼
11	night	[nait]	[nait] [ㄴㅏㅣㅌ]	나잍 나잍
12	word	[wə:rd]	[wə:rd] [우ㅓ-ㄷ]	워드 워드
13	people	[pi:pl]	[pi:pl] [ㅍㅣ-프ㄹ]	피플 피플
14	man	[mæn]	[mæn] [ㅁㅐㄴ]	맨 맨
15	day	[dei]	[dei] [ㄷㅔ이]	데이 데이

Contents

차례

혓바닥 **e**　　혓바닥 없는 **c**　　머리묶은 **a**　　동글이 **o**

기초를 튼튼하게 하는
학교 어휘

Chapter

01 기초를 튼튼하게 하는 학교 어휘

한 번 읽을 때마다 체크해 봐요!

그림으로 읽기	문장으로 끝내기

absence [ǽbsəns] ☑☐☐

명 결석

ex I noticed his **absence**.
난 그가 **결석**한 것을 알았다.

answer [ǽnsər] ☐☐☐

명 대답

ex Her **answer** was 'no'.
그녀는 아니라고 **답**했다.

ask [æsk] ☐☐☐

동 묻다, 부탁하다

ex Can I **ask** a question?
질문 하나 **해도** 돼요?

bring [briŋ] ☐☐☐

동 가져오다, 데려오다

ex I will **bring** a present for her.
나는 그녀를 위한 선물을 **가지고 올** 거야.

chair [ʧɛər]　

명 의자

ex Sit down on this **chair**.
이 **의자**에 앉으세요.

chalk [ʧɔːk]　

명 분필

ex **Chalk** breaks easily.
분필은 잘 부러진다.

circle [sə́ːrkl]　

명 원, 집단, 동아리　통 둘러싸다, 빙빙 돌다

ex They **circled** around her.
그들은 그녀를 중심으로 **둘러섰다**.

class [klæs]　

명 학급, 수업

ex She was late for **class** today.
그녀는 오늘 **수업**에 지각했어.

classroom [klǽsrùːm]　

명 교실

ex The **classroom** was very noisy.
교실은 매우 시끄러웠다.

click [klik]

동 누르다, 클릭하다

ex **Click** OK.
확인을 누르세요.

collect [kəlékt]

동 모으다, 수집하다

ex He goes to **collect** insects.
그는 곤충을 **채집**하러 간다.

computer

[kəmpjúːtər]

명 컴퓨터

ex There is a **computer** in my room.
내 방에 **컴퓨터**가 있다.

copy [kápi]

명 복사 동 베끼다, 복사하다

ex He **copied** one book.
그는 책 한 권을 **베껴 썼다**.

course [kɔːrs]

명 진로, 방향, 과정, 코스

ex He tried out the marathon **course**.
그는 마라톤 **코스**에 도전했다.

crayon [kréian]

명 크레용

ex I have some **crayons**.
나는 **크레용**을 몇 개 갖고 있어요.

desk [desk]

명 책상

ex There is a computer on the **desk**.
책상 위에 컴퓨터가 있다.

dialogue [dáiəlɔ̀ːg]

명 대화, 회화

ex They had a short **dialogue**.
그들은 짧은 **대화**를 했다.

diary [dáiəri]

명 일기

ex She keeps a **diary** in English.
그녀는 영어로 **일기**를 쓴다.

dictation [diktéiʃən]

명 받아쓰기, 명령

ex I am taking **dictation** now.
난 지금 **받아쓰기** 중이야.

difficult [dífikʌlt]

형 어려운, 곤란한

파 difficultly 곤란, 어려움

ex This maths problem is **difficult**.
이 수학 문제는 어려워요.

discuss [diskʌs]

동 논의하다, 토론하다

ex We have two items to **discuss**.
우리는 **논의해야** 할 두 가지 안건이 있어.

draw [drɔː]

동 그리다, 끌어당기다

ex She **draws** a tree.
그녀는 나무를 그린다.

easy [íːzi]

형 쉬운　반 difficult 어려운

ex This question is too **easy** for me.
이 문제는 너무 **쉬워요**.

education [èdʒukéiʃən]

명 교육　파 educate 교육하다

ex Elementary **education** is very important.
초등**교육**은 아주 중요하다.

elementary [èləméntəri] ☐☐☐

형 기초의, 초등학교의

ex I am an **elementary** student.
저는 **초등**학생입니다.

eraser [iréisər] ☐☐☐

명 지우개　파 erase 지우다

ex Lend me an **eraser**.
지우개 좀 빌려줘.

exact [igzǽkt] ☐☐☐

형 정확한　파 exactly 정확히 말해서, 확실히

ex The parts were an **exact** match.
그 부품들은 **정확히** 들어맞았다.

examination ☐☐☐
[igzæmənéiʃən]

명 시험, 조사

ex I got a zero in the **examination**.
나 **시험**에서 0점 맞았어.

example [igzǽmpl] ☐☐☐

명 예, 본보기

ex I will give you some **examples**.
예시 몇 개를 보여줄게.

excellent [éksələnt]

형 훌륭한, 우수한

ex He is an **excellent** person.
그는 **훌륭한** 사람이다.

exercise [éksərsàiz]

명 운동, 연습

ex Mother takes **exercise** everyday.
엄마는 매일 **운동**을 하신다.

explain [ikspléin]

동 설명하다

ex I will **explain**.
제가 **설명**할게요.

fail [feil]

동 실패하다, (시험 등에) 떨어지다

ex I am afraid I shall **fail** again.
나는 또 **실패**할까봐 걱정이야.

fool [fu:l]

명 바보, 얼간이   파 foolish 어리석은, 바보 같은

ex You are a **fool**!
넌 **바보**야!

friendship [fréndʃip] ☐☐☐

명 우정, 친선

ex Our **friendship** is everlasting.
우리의 **우정**은 영원하다.

gather [gǽðər] ☐☐☐

동 모으다, 모이다

ex All the children **gathered**.
아이들이 모두 **모였다**.

give [giv] ☐☐☐

동 주다

ex I will **give** you a tasty banana.
내가 맛있는 바나나를 **줄게**.

grade [greid] ☐☐☐

명 학년, 등급, 성적

ex Sam is the fifth **grade** student.
샘은 **5학년**이다.

ground [graund] ☐☐☐

명 땅, 운동장

ex They are digging the **ground**.
그들은 **땅**을 파고 있다.

help [help]

명 도움 **동** 돕다

ex Oh, thank you for your **help**.
오, **도와줘서** 고맙습니다.

here [hiər]

부 여기에

ex **Here** I am.
저 **여기** 있어요!

hill [hil]

명 언덕

ex The view from the **hill** is good.
그 **언덕**은 전망이 좋다.

history [hístəri]

명 역사

ex The **history** of Rome is interesting.
로마의 **역사**는 재미있다.

homework [hoʊmwɜ:rk]

명 숙제

ex I must finish my **homework** today.
나는 오늘 안에 **숙제** 끝내야 해.

improve [imprúːv]

동 향상시키다, 개선하다

ex Exercise **improves** health.
운동은 건강을 증진시킨다.

keyboard [kíːbɔːrd]

명 키보드

ex This **keyboard** is the latest.
이 **키보드**는 최신형이다.

know [nou] □□□

동 알다

ex I **know** how to use a PC.
나는 컴퓨터 사용법을 **알고** 있어요.

knowledge [nálidʒ] □□□

명 지식, 학식

ex Father's **knowledge** is broad.
아빠는 **지식**이 풍부하시다.

language [læŋgwidʒ] □□□

명 언어, 말

ex I can't understand his **language**.
그 사람과는 **말**이 안 통해.

learn [ləːrn]　

동 배우다

ex Chinese is not easy to **learn**.
중국어는 **배우기에** 쉽지 않다.

lend [lend]　

동 빌려 주다

ex Will you **lend** me that book?
그 책 좀 **빌려 줄래**?

lesson [lésn]　

명 학과, 수업, 교훈

ex Today let's study **lesson** Two.
오늘은 2과를 공부하자.

library [láibrèri]　

명 도서관

ex The **library** is quiet.
도서관은 조용하다.

listen [lísn]　

동 듣다　파 listening 듣기, 청취

ex He **listened** to the music.
그는 음악을 **들었다**.

look [luk]

동 보다, ~으로 보이다

ex **Look** here!
여기 봐!

magnet [mǽgnit]

명 자석

ex The **magnet** attracts iron.
자석은 철을 끌어당긴다.

meal [mi:l]

명 식사, 한 끼

ex That was a very delicious **meal**.
정말 맛있는 **식사**였어요.

mean [mi:n]

동 의미하다, 뜻하다

ex I don't know what it **means**.
이 글이 무엇을 **의미하는지** 모르겠어요.

medal [médl]

명 메달

ex I won a gold **medal**.
나 금메달 땄어.

menu [ménjuː]

명 식단, 메뉴

ex I will tell you today's **menu**.
오늘의 **메뉴**를 알려드립니다.

museum [mjuːzíːəm]

명 박물관, 미술관, 기념관

ex I visited the dinosaur **museum**.
나는 공룡 **박물관**에 갔었어.

music [mjúːzik]

명 음악 파 musician 음악가

ex **Music** makes me happy.
음악은 나를 행복하게 해.

name [neim]

명 이름

ex My **name** is 'Turtle'.
내 **이름**은 거북이야.

note [nout]

명 부호, 간단한 기록 팁 notebook 공책

ex I will write a **note** here.
여기에 **메모**를 하겠습니다.

number [nʌmbər]

명 수, 번호

ex A large **number** of people are gathered.
많은 **수**의 사람들이 모였다.

object [ábdʒikt]

명 물건, 물체

ex The **object** is divided in two.
그 **물건**은 두개로 나뉘어져 있다.

page [peidʒ]

명 페이지, 면

ex I am looking at **page** five now.
나 지금 5**페이지** 보고 있어.

paper [péipər]

명 종이

ex He tears the **paper**.
그가 **종이**를 찢는다.

pass [pæs]

동 통과하다, 지나다, 합격하다

ex I **passed** the exam.
나 시험에 **합격했어**.

pen [pen]

명 펜, 만년필

ex There are various **pens**.
펜의 종류는 다양하다.

pencil [pénsəl]

명 연필

ex This **pencil** is new.
이 **연필**은 새것이다.

piano [piǽnou]

명 피아노

ex She plays the **piano** well.
그녀는 **피아노**를 아주 잘 쳐.

playground [pléigràund]

명 운동장

ex Today let's go to the **playground**.
오늘은 **운동장**에서 놀자.

point [pɔint]

명 뾰족한 끝, 점 동 가리키다

ex He is explaining the key **point**.
그가 **요점**을 설명하고 있다.

30

practice [prǽktis]

명 연습, 실행 동 연습하다, 실행하다

ex She must **practice** dancing.
그녀는 춤 **연습**을 해야겠어.

program [próugræm]

명 프로그램, 계획 동 프로그램을 짜다

ex He is installing the **program**.
그는 **프로그램**을 설치하고 있다.

question [kwéstʃən]

명 질문, 문제

ex The **question** was difficult.
그 **질문**은 어려웠어요.

raise [reiz]

동 올리다, 기르다

ex The pay was **raised**.
임금이 **인상되었다**.

read [riːd]

동 읽다, 독서하다

ex I **read** the book.
나 그 책 **읽었어**.

repeat [ripíːt]

동 반복하다

ex He **repeats** the same exercise.
그는 같은 행동을 반복한다.

require [rikwáiər]

동 요구하다, 필요로 하다

ex He **requires** too much from me.
그는 너무 많은 것을 나에게 요구해.

ruler [rúːlər]

명 자

ex Measure exactly with the **ruler**.
정확하게 자로 재세요.

say [sei]

동 말하다

ex I have something to **say**.
나 할 말이 있어.

school [skuːl]

명 학교

ex I study hard in **school**.
저는 학교에서 열심히 공부해요.

school mate [skuːl meit] ☐☐☐

명 학우, 학교 친구, 동기생

ex I was happy to meet my **schoolmate**.
난 **동창**을 만나서 반가웠어.

scissors [sízərz] ☐☐☐

명 가위

ex I have a **scissors**.
나 **가위**를 가지고 있어요.

seat [siːt] ☐☐☐

명 좌석, 자리

ex There are many **seats** in the cinema.
영화관에는 많은 **좌석**이 있다.

sit [sit] ☐☐☐

동 앉다

ex May I **sit** here?
여기 **앉아도** 될까요?

smart [smaːrt] ☐☐☐

형 똑똑한, 멋진

ex She is very **smart**.
그녀는 매우 **똑똑하다**.

song [sɔ́ːŋ]

명 노래

ex The boy is singing a **song**.
소년이 **노래**를 부르고 있다.

spell [spel]

동 맞춤법에 따라 쓰다, 철자를 말하다

ex How do you **spell** this word?
이 단어는 어떻게 **쓸까요**?

stair [stɛər]

명 계단

ex Go up**stairs**.
계단으로 올라가라.

stand [stænd]

명 작은 탁자, 대(臺) 동 서다, 참다

ex Student '2', **stand** up.
2번 학생 **일어나세요.**

student [stjuːdnt]

명 학생

ex I am a **student**.
나는 **학생**입니다.

34

study [stʌdi]

명 공부 **동** 공부하다

ex You must **study** hard.
너 열심히 **공부해야** 해.

talk [tɔːk]

동 말하다, 이야기하다

ex **Talk** about that.
그것에 대해 **말해줘**.

tape [teip]

명 테이프, 납작한 끈

ex Don't paste **tape** here.
여기에 **테이프를** 붙이지 마세요.

teach [tiːtʃ]

동 가르치다

ex He **teaches** English.
그는 영어를 **가르친다**.

teacher [tíːtʃər]

명 선생님

ex The **teacher** is Mr. Brown.
그 **선생님**은 브라운 씨다.

test [test]

명 시험

ex The **test** was hard.
그 **시험**은 어려웠어.

textbook [tekstbʊk]

명 교과서

ex This is my **textbook**.
이것은 내 **교과서**이다.

trouble [trʌbl]

명 고민, 근심, 문제점

ex What's the **trouble**?
무슨 **문제** 있니?

understand [ʌndərstǽnd]

동 이해하다

ex I don't **understand** this part.
이 부분은 **이해**가 잘 안 가.

vacation [veikéiʃən]

명 방학

ex The exciting **vacation** has come!
신나는 **방학**이다!

violin [vàiəlín]　　

명 바이올린

ex He plays the **violin** very well.
그는 바이올린 연주를 잘 한다.

wire [waiər]　　

명 철사, 전선

ex He built a high **wire** fence.
그는 철조망을 설치했다.

word [wəːrd]　　

명 낱말, 단어

ex He is reciting the **words**.
그는 단어를 외우고 있다.

write [rait]　　

동 쓰다

ex You need to **write** it down.
그것을 받아 적거라.

wrong [rɔ́ːŋ]　　

형 틀린, 잘못된, 나쁜

ex What is **wrong**?
뭐가 문제지?

○ 문장 속 괄호에 알맞은 단어를 연결해요.

answer ❶   ⓐ I will (   ) you a tasty banana.

class ❷   ⓑ I can't understand his (   ).

fail ❸   ⓒ He was late for (   ) today.

give ❹   ⓓ Her (   ) was 'no'.

language ❺   ⓔ I am afraid I will (   ) again.

menu ❻   ⓕ I will tell you today's (   ).

정답 ❶ – ⓓ, ❷ – ⓒ, ❸ – ⓔ, ❹ – ⓐ, ❺ – ⓑ, ❻ – ⓕ

○ 빈칸에 들어갈 단어의 스펠링을 올바르게 나열해요.

❶ We have two items to [   ].

우리는 논의해야 할 두 가지 안건이 있어. (iscduss)

❷ The parts were an [   ] match.

그 부품들은 정확히 들어맞았다. (eacxt)

❸ The [   ] is quiet.

도서관은 조용하다. (ilbarry)

❹ The [   ] is divided in two.

그 물건은 두개로 나뉘어져 있다. (boecjt)

❺ You need to [   ] it down.

너는 그것을 받아 적어라. (ritwe)

정답 ❶ discuss ❷ exact ❸ library ❹ object ❺ write

다음의 단어들을 쓰면서 뜻을 기억해요.

1. collect 모으다 collect
2. question 질문 question
3. example 본보기 example
4. lesson 학과 lesson
5. vacation 방학 vacation
6. gather 모으다 gather
7. seat 좌석 seat
8. lesson 학과 lesson

혓바닥 e 혓바닥 없는 c  머리묶은 a 동글이 o

Part

02

Home Life

실력이 쑥쑥 느는
가정 어휘

Chapter 02

실력이 쑥쑥 느는
가정 어휘

○ 그림으로 읽기   ○ 문장으로 끝내기

bake [beik]

통 (빵 등을) 굽다

ex The baker **bakes** a cake.
제빵사가 빵을 굽는다.

balcony [bǽlkəni]

명 발코니

ex That house has a **balcony**.
저 집에는 **발코니**가 있어요.

basket [bǽskit]

명 바구니

ex We ate a snack in a **basket**.
우리는 **바구니**에 있는 과자를 먹었어요.

bathtub [bǽθtʌ̀b]

명 욕조, 목욕탕

ex Go into the **bathtub** and wash.
욕조에서 몸을 씻으세요.

bedroom [bédrùːm] ☐☐☐

명 침실

ex I sleep in my **bedroom**.
난 내 **침실**에서 자.

bowl [boul] ☐☐☐

명 사발, 그릇

ex Put it in a **bowl**.
그걸 **그릇**에 담으세요.

breakfast [brékfəst] ☐☐☐

명 아침 식사

ex I ate **breakfast** so I am full.
아침을 먹었더니 배가 불러요.

build [bild] ☐☐☐

동 (건물 등을) 짓다, 세우다, 건축하다

ex We **built** a house of wood.
우리는 나무로 집을 **지었어요**.

building [bíldiŋ] ☐☐☐

명 건물, 건축

ex That **building** is very high.
저 **건물**은 매우 높다.

cake [keik]

명 케이크

ex I eat **cake** with my family at Christmas.
나는 크리스마스에는 가족들과 함께 **케이크**를 먹어.

calendar [kǽləndər]

명 달력

ex This is a new year **calendar**.
새해 **달력**입니다.

call [kɔːl]

동 부르다, 전화하다

ex Mother **called** me urgently.
엄마는 급하게 나를 **부르셨다**.

camera [kǽmərə]

명 카메라

ex She took a photo with her **camera**.
그녀는 **카메라**로 사진을 찍었다.

candle [kǽndl]

명 양초

ex My sister lit a **candle**.
언니가 **양초**에 불을 붙였다.

candy [kǽndi]

명 사탕

ex I like **candy**.
나는 **사탕**을 좋아해.

carry [kǽri]

동 나르다, 운반하다

ex He was **carried** to a hospital.
그는 병원으로 **옮겨졌다**.

chew [ʧuː]

동 씹다

ex The lion is **chewing** something.
사자가 뭔가를 **씹고** 있다.

chopstick [ʧɑːpstɪk]

명 젓가락

ex Korean people eat with **chopsticks**.
한국 사람은 **젓가락**으로 음식을 먹는다.

clean [kliːn]

형 깨끗한 동 청소하다

ex I **clean** my room.
나는 내 방을 **청소해요**.

cloth [klɔːθ]

명 천, 옷감

ex This is very good **cloth**.
이것은 아주 좋은 **옷감**입니다.

comfortable [kʌmfərtəbl]

형 편안한, 기분 좋은

ex I am very **comfortable**.
나는 매우 **편안해요**.

cook [kuk]

명 요리, 요리사   동 요리하다

ex I love **cooking**.
저는 **요리하는** 것을 좋아합니다.

court [kɔːrt]

명 (테니스, 농구 등의) 코트, 안뜰

ex My school tennis **court** is very nice.
우리 학교 테니스 **코트**는 엄청 좋아.

cover [kʌvər]

명 덮개   동 덮다

ex Mother uses a **cover**.
엄마는 **덮개**를 사용하신다.

46

cup [kʌp]

명 (찻잔 등의) 잔, 컵, 우승컵

ex Have a **cup** of tea.
차 한 **잔** 하세요.

curtain [kə́ːrtn]

명 (창문) 커튼, 막

ex This **curtain** is pink.
이 **커튼**은 분홍색이야.

deep [diːp]

형 깊은, 난해한

ex Here is a **deep** well.
여기에 **깊은** 우물이 있어.

delicious [dilíʃəs]

형 맛있는

ex This sauce is **delicious**.
이 소스 **맛있네요.**

dessert [dizə́ːrt]

명 후식, 디저트

ex She ate a **dessert**.
그녀는 **후식**을 먹었다.

dinner [dínər]

명 저녁 식사, 정찬, 만찬

ex I got an invitation to **dinner**.
나 **저녁 식사**에 초대 받았어.

dirty [də́ːrti]

형 더러운, 불결한　반 clean 깨끗한

ex I really hate **dirty** things.
나는 정말 **더러운** 게 싫어.

doll [dal]

명 인형

ex The **doll** is lovable and pretty.
그 **인형**은 사랑스럽고 예뻐요.

drink [driŋk]

명 음료　동 마시다

ex I **drank** water.
나는 물을 **마셨어**.

dry [drai]

형 마른　동 말리다

ex We **dried** the laundry here.
우리는 여기서 빨래를 **말려요**.

eat [iːt]

동 먹다, 식사를 하다

ex I **eat** lunch at school.
나는 점심을 학교에서 **먹어**.

egg [eg]

명 알, 달걀

ex The hen laid an **egg**.
닭이 **알**을 낳았다.

fast food [fǽstfúːd]

명 즉석식품, 패스트푸드

ex Don't eat **fast food** often.
즉석식품은 자주 먹으면 안 돼요.

faucet [fɔ́ːsit]

명 수도꼭지

ex Drops fall from the **faucet**.
수도꼭지에서 물방울이 떨어진다.

fit [fit]

동 ~에 맞다, 적합하다

ex This suit **fits** me well.
이 양복이 저에게 잘 **맞아요**.

fix [fiks]

동 고정시키다, 수리하다

ex We must **fix** up our house.
우리는 집을 **수리해야** 해.

floor [flɔːr]

명 (건물의) 층, 마루, 방바닥

ex I go down to the first **floor** now.
지금 일**층**으로 내려가요.

flour [fláuər]

명 밀가루

ex He makes bread with **flour**.
그는 **밀가루**로 빵을 만든다.

food [fuːd]

명 음식, 식품

ex The **food** in our house is delicious.
우리 집 **음식**은 맛있어.

fork [fɔːrk]

명 (식탁용) 포크

ex My sister eats spaghetti with a **fork**.
언니는 **포크**로 스파게티를 먹어요.

fresh [freʃ]

형 신선한, 싱싱한, 새로운

ex This vegetable is **fresh**.
이 채소는 **신선해**.

front [frʌnt]

명 앞, 정면 형 앞의

ex This is the **front**.
여기가 **앞면**이야.

fruit [fruːt]

명 과일

ex People eat various **fruits**.
사람들은 다양한 **과일**을 먹는다.

garbage [gáːrbidʒ]

명 쓰레기

ex Mother throws out the **garbage**.
엄마가 **쓰레기**를 버리신다.

garden [gáːrdn]

명 뜰, 정원 파 gardener 정원사

ex He works in the **garden**.
그는 **정원**에서 일하고 있다.

gift [gift]

명 선물, 타고난 재능

ex I am grateful for the **gift**.
선물을 주셔서 감사합니다.

grain [grein]

명 곡물, (쌀 · 보리 등의) 낟알

ex We harvest the **grain**.
우리는 곡물을 수확합니다.

grocery [gróusəri]

명 식료품가게, 식료품

ex This is a **grocery** shop.
이곳은 **식료품** 가게예요.

house [haus]

명 집

ex Our **house** has two stories.
우리 **집**은 이층집이야.

hungry [hʌŋgri]

형 배고픈

ex I am very **hungry**.
나 너무 **배고파**.

invite [inváit]

동 초대하다

ex I **invite** you.
당신을 **초대**합니다.

jewelry [dʒúːəlri]

명 보석

ex It is the **jewelry** I like.
이거 내가 좋아하는 **보석**이야.

juice [dʒuːs]

명 즙, 주스

ex Give me some fruit **juice**.
과일 **주스** 좀 주세요.

knife [naif]

명 나이프, 식칼

ex You have to cut this with a **knife**.
이것은 **칼**로 썰어야 해요.

lamp [læmp]

명 램프, 등, 등불

ex You need a **lamp** in the night.
밤에는 **등**이 필요해요.

late [leit]

형 늦은 부 늦게

ex I was **late** again.
나 또 늦었어.

lay [lei]

동 놓다, 눕히다

ex She **laid** the baby.
그녀는 아기를 눕혔다.

leather [léðər]

명 가죽

ex This is **leather**.
이것은 **가죽** 제품입니다.

lipstick [lɪpstɪk]

명 립스틱

ex Now she is putting on **lipstick**.
그녀는 지금 **립스틱**을 바르고 있다.

livingroom [líviŋruːm]

명 거실

ex He is in the **livingroom**.
그는 **거실**에 있다.

lunch [lʌntʃ]

명 점심

ex I ate a tasty **lunch**.
나는 맛있는 **점심**을 먹었어요.

magazine [mӕgəzíːn] □□□

명 잡지

ex She is always reading a **magazine**.
그녀는 항상 **잡지**를 본다.

makeup [meikʌp]

명 화장품, 화장

ex Mother is doing her **makeup**.
엄마가 **화장**을 하신다.

market [máːrkit]

명 시장

ex I go to the **market** with my mother.
나는 엄마와 함께 **시장**에 가요.

meat [miːt]

명 고기

ex The **meat** is too tough.
고기가 너무 질겨.

messy [mési]

형 어질러진, 지저분한

ex My room is very **messy**.
내 방은 너무 **더러워**.

middle [mídl]

형 중앙의, 한가운데

ex There is a table in the **middle**.
가운데에 식탁이 있어요.

milk [milk]

명 우유

ex **Milk** is got from a cow.
우유는 젖소에게서 얻는다.

mirror [mírə(r)]

명 거울

ex I often look at the **mirror**.
나는 **거울**을 자주 봐요.

model [mádl]

명 모형, 모델

ex This **model** is old style.
이 **모델**은 구식이다.

move [muːv]

동 움직이다, 이사하다

ex **Move** slightly to the right.
오른쪽으로 약간 **움직여** 보세요.

oil [ɔil]

명 기름, 석유

ex Let five drops of **oil**.
기름을 5방울 떨어뜨리세요.

open [óupən]

동 열다

ex **Open** the door with this key.
이 열쇠로 문을 **열어요**.

order [ɔ́ːrdər]

명 주문, 명령 동 명령하다, 주문하다

ex The food you **ordered** is here.
주문하신 음식 나왔습니다.

paint [peint]

명 페인트 동 그리다, 페인트를 칠하다

ex Now I am putting **paint** on the fence.
지금 울타리에 **페인트**를 칠하고 있어요.

peel [piːl]

동 껍질을 벗기다

ex I **peeled** the banana.
내가 바나나 **껍질을 벗겼어**.

piece [piːs]

명 조각, 덩어리

ex He chewed on a **piece** of meat.
그는 고기 한 **조각**을 씹었다.

place [pleis]

명 장소, 지역, 공간, 주택

ex He was late at the promised **place**.
그는 약속 **장소**에 늦었다.

plenty [plénti]

명 많음, 다량, 풍요

ex There is **plenty** of grain.
곡식이 **많이** 있어요.

prepare [pripέər]

동 준비하다, 마련하다

ex I am **preparing** the food now.
지금 식사를 **준비하고** 있어요.

radio [réidiòu]

명 라디오

ex Music comes from the **radio**.
라디오에서 음악이 흘러나온다.

repair [ripέər]

동 고치다, 수선하다

ex He began to **repair** the house.
그는 집을 고치기 시작했다.

seafood [si:fu:d]

명 해산물

ex I like **seafood**.
나는 해산물을 좋아해요.

set [set]

명 세트　**동** 놓다, (해나 달 등이) 지다

ex She **set** down the dishes.
그녀가 그릇을 내려놓았다.

sew [sou]

동 꿰매다, 바느질하다

ex Her mom is **sewing** the pants.
그녀의 엄마는 바지를 꿰매고 계신다.

shape [ʃeip]

명 모양, 외형

ex Here are candies of various **shapes**.
여기에 여러 가지 **모양**의 사탕이 있어.

sheet [ʃiːt]

명 시트

ex Mother is changing the **sheets**.
엄마가 **시트**를 갈고 계신다.

size [saiz]

명 크기, 사이즈, 치수

ex I need a bigger **size**.
더 큰 **치수**의 옷이 필요해.

slice [slais]

명 얇게 썬 조각 동 얇게 썰다

ex I want to eat another **slice** of melon.
나는 메론 한 **조각** 더 먹고 싶어.

snack [snæk]

명 간식, 가벼운 식사

ex She is eating a **snack**.
그녀는 **간식**을 먹고 있다.

soap [soup]

명 비누

ex I play with **soap** bubbles.
나는 **비누**거품 놀이를 해요.

sofa [sóufə]

명 소파, 긴 의자

ex Father is sitting on the **sofa**.
아빠가 **소파**에 앉아 계신다.

spray [sprei]

명 스프레이, 분무

ex Use the **spray**.
스프레이를 사용해요.

steam [stiːm]

명 증기, 수증기

ex **Steam** comes out of the hot water.
뜨거운 물에서 **증기**가 나온다.

stick [stik]

명 막대기, 지팡이 동 찌르다, 붙이다

ex I have a longer **stick**.
저에게는 더 긴 **막대기**가 있어요.

stitch [stitʃ]

명 바늘땀

ex She made her heart into every **stitch**.
그녀는 한 **땀** 한 **땀** 정성껏 바느질을 했다.

stove [stouv]

명 난로

ex The **stove** is hot.
난로는 따뜻하다.

style [stail]

명 형식, 종류, 스타일

ex This is the latest hair **style**.
이게 요즘 유행하는 머리**스타일**이야.

suit [suːt]

명 정장 한 벌, 소송

ex I will take a **suit** against him.
그를 상대로 **소송**을 걸겠습니다.

sun [sʌn]

명 해, 태양

ex The **sun** is hot.
태양은 뜨겁다.

supper [sʌpər]

명 만찬, 저녁

ex **Supper** is delicious.
저녁 식사는 너무 맛있어요.

sweet [swiːt]

명 단 것　형 (맛이) 단, 달콤한, 기분 좋은

ex This ice cream is **sweet**.
이 아이스크림은 정말 **달콤해요**.

switch [switʃ]

명 스위치, 전환　동 전환하다, 바꾸다

ex He **switched** off.
그는 **스위치**를 껐다.

table [téibl]

명 식탁, 탁자, 일람표

ex Put it on the **table**.
이것을 **테이블** 위에 놓으렴.

tea [tiː]

명 (먹는) 차

ex Will you have **tea** with me?
나와 함께 **차** 마실래?

t evision

television [télǝvìʒǝn] ☐☐☐

명 텔레비전

ex My father is on **TV!**
우리 아빠가 **텔레비전**에 나와!

th n

thin [θin] ☐☐☐

형 얇은, 야윈　파 thinly 얇게

ex Cut the vegetable **thin**.
야채를 **얇게** 써세요.

th rsty

thirsty [θə́:rsti] ☐☐☐

형 목마른

ex He was **thirsty**.
그는 목이 말랐다.

---

ti

tie [tai] ☐☐☐

명 넥타이　동 매다, 묶다

ex He is **tying** his laces.
그가 신발 끈을 **묶고** 있다.

t ght

tight [tait] ☐☐☐

형 꽉 조인, 빈틈이 없는

ex It's too **tight**.
너무 **꽉 조여요**.

toothbrush [tu:θbrʌʃ] ☐☐☐

명 칫솔

ex I wash my teeth with a **toothbrush**.
칫솔로 치아를 닦아요.

toy [tɔi] ☐☐☐

명 장난감

ex The child plays with a **toy**.
아이는 **장난감**을 갖고 놀아요.

trash [træʃ] ☐☐☐

명 쓰레기, 잡동사니

ex Put the **trash** in the trash can.
쓰레기는 쓰레기통에 버리세요.

turn [təːrn] ☐☐☐

동 돌리다, 뒤집다, 방향을 바꾸다, 돌다

ex He **turned** the key.
그는 열쇠를 **돌렸다**.

wall [wɔːl] ☐☐☐

명 벽

ex Behind the car is a **wall**.
차 뒤에 **벽**이 있다.

waste [weist]　

동 낭비하다

ex Don't **waste** your money.
돈을 낭비하지 말아요.

wear [wεər]　

동 입다, 착용하다

ex It is easy to **wear** these clothes.
이 옷은 **입기** 편하다.

window [wíndou]　

명 창, 창문

ex She is cleaning the **window**.
그녀는 **창문**을 닦고 있다.

worse [wəːrs]　

형 더 나쁜, 엉망인

ex The room is **worse**.
그 방은 **엉망이다**.

yard [jaːrd]　

명 야드, 마당

ex Here is the back **yard**.
이곳은 뒷**마당**이야.

66

문장 속 괄호에 알맞은 단어를 연결해요.

built ❶

doll ❷

fits ❸

fresh ❹

plenty ❺

table ❻

ⓐ This suit (　　　) me well.

ⓑ We (　　　) a house of wood.

ⓒ The (　　　) is lovable and pretty.

ⓓ There is (　　　) of grain.

ⓔ This vegetable is (　　　).

ⓕ Put it on the (　　　).

정답 ❶ - ⓑ, ❷ - ⓒ, ❸ - ⓐ, ❹ - ⓔ, ❺ - ⓓ, ❻ - ⓕ

빈칸에 들어갈 단어의 스펠링을 올바르게 나열해요.

❶ She ate ice cream as a [　　　].

그녀는 후식으로 아이스크림을 먹었다. (edssetr)

❷ He makes bread with [　　　].

그는 밀가루로 빵을 만들어. (lofru)

❸ We harvest the [　　　].

우리는 곡물을 수확합니다. (argin)

❹ This is the latest hair [　　　].

이게 요즘 유행하는 머리스타일이야. (sytel)

❺ He chewed on a [　　　] of meat.

그는 고기 한 조각을 씹었다. (pecie)

정답 ❶ dessert ❷ flour ❸ grain ❹ style ❺ piece

① **basket**   바구니   basket

② **middle**   중앙의   middle

③ **calendar**   달력   calendar

④ **steam**   증기   steam

⑤ **repair**   고치다   repair

⑥ **clean**   깨끗한   clean

⑦ **magazine** 잡지   magazine

⑧ **dinner**   저녁 식사   dinner

9 **garbage** 쓰레기 — garbage

10 **gift** 선물 — gift

11 **grocery** 식료품가게 — grocery

12 **hungry** 배고픈 — hungry

13 **jewelry** 보석류 — jewelry

14 **carry** 나르다 — carry

15 **waste** 낭비하다 — waste

16 **tight** 꽉 조인 — tight

혓바닥 e 혓바닥 없는 c 머리묶은 a 동글이 o

Part
03

Emotional expressions
and actions

자신감을 갖게 하는
표현과 행동 어휘

○ 그림으로 읽기 　　　　○ 문장으로 끝내기

한 번 읽을 때마다
체크해 봐요!

act [ækt]　☑☐☐

명 행위, 행실　동 행동하다, 연기하다

ex He **acts** friendly.
그는 친절하게 **행동하지**.

advice [ædváis]　☐☐☐

명 충고, 조언

ex I'll give you a word of **advice**.
내가 너에게 **충고** 한마디 할게.

afraid [əfréɪd]　☐☐☐

형 무서운, 걱정인

ex I was too **afraid** of this place.
나는 이곳이 너무 **무서웠어**.

agree [əgríː]　☐☐☐

동 동의하다, 찬성하다

ex Do you all **agree**?
여러분 모두 **동의하십니까**?

allow [əláu]

동 허락하다, 인정하다

ex He is not **allowed** to stay out late.
그는 늦은 귀가가 **허락**되지 않는다.

anxious [ǽŋkʃəs]

형 걱정하는, 불안한, 열망한

ex She is **anxious** about something.
그녀는 무언가를 **걱정한다**.

apologize [əpálədʒi]

동 사과하다

ex I've **apologized** twice at least.
내가 두 번이나 **사과했어**.

appear [əpíər]

동 나타나다, 보이게 되다

ex Suddenly, a woman **appeared**.
갑자기 한 여자가 **나타났어요**.

arrive [əráiv]

동 도착하다, (결론 · 연령 등에) 도달하다

ex We will soon **arrive** in the USA.
이제 곧 미국에 **도착**할 거예요.

attention [əténʃən] ☐☐☐

명 주의, 주목

ex Can I have your **attention** please?
잠깐 **주목**해 주세요.

base [beis] ☐☐☐

명 기초, 토대

ex The **base** of the glass is dirty.
유리잔의 **바닥**이 더럽다.

battle [bǽtl] ☐☐☐

명 전투, 싸움

ex He was successful in the **battle**.
그는 **전투**에서 승리했다.

bear [bɛər] ☐☐☐

명 곰 **동** 참다, 견디다

ex He **bears** the pain.
그는 아픔을 **참는다**.

become [bikʌm] ☐☐☐

동 (~이) 되다, 어울리다

ex He **became** more popular.
그는 점점 더 유명**해졌다**.

74

begin [bigín]

동 시작하다　**반** finish 끝내다

ex Let's **begin** from page 10.
자, 10페이지부터 **시작합**시다.

believe [bilíːv]

동 믿다, 신뢰하다

ex **Believe** me!
나를 믿어요!

bite [bait]

동 물다, 물어뜯다

ex The dog might **bite** you.
개가 널 **물지도** 몰라.

bore [bɔːr]

동 지루하게 하다

ex The movie was really **boring**.
그 영화는 정말 **지루**했다.

borrow [bárou]

동 빌리다

ex Can I **borrow** that?
그것 좀 **빌려** 주시겠어요?

brave [breiv]

형 용감한, 용기 있는

ex He was a **brave** man of arms.
그는 **용감한** 전사였다.

catch [kætʃ]

동 붙잡다, 알아채다, (~을) 이해하다

ex Did you **catch** what I said?
내 말 **이해했니**?

cause [kɔːz]

명 원인　동 원인이 되다, (~을) 일으키다

ex The **cause** of the accident is a rock.
그 바위가 사고의 **원인**이다.

choice [tʃɔis]

명 선택, 고르기

ex The **choice** is difficult.
선택하기 어렵다.

close [klouz]

형 가까운, 가까이, 접근한　동 닫다, (눈을) 감다

ex **Close** your eyes.
눈을 감으세요.

come [kʌm]

[동] 오다, 도달하다, ~이 되다

[ex] You must **come** back early.
일찍 집에 **들어와야** 해.

conduct [kándʌkt]

[명] 행동, 행위 [동] 행동하다, 지휘하다

[ex] Their **conduct** was rude.
그들의 **행동**은 난폭했다.

control [kəntróul]

[명] 통제, 지배

[ex] I can **control** this.
나는 이것을 **조종할** 수 있어요.

cry [krai]

[동] 울다, 외치다

[ex] Don't **cry**.
울지마.

cure [kjuər]

[동] 고치다, 치료하다

[ex] I will **cure** it.
내가 **치료해** 줄게.

cute [kjuːt]

형 귀여운, 예쁜

ex You are indeed **cute**.
너 정말 **귀엽구나**.

decide [disáid]

동 결심하다, 결정하다

ex I will **decide**.
저는 **결정**하겠습니다.

defend [difénd]

동 방어하다, 지키다

ex They **defended** themselves.
그들은 자신들을 **방어했다**.

demand [dimǽnd]

명 수요, 요구 동 요구하다, 묻다

ex These goods are in great **demand**.
이 상품은 **수요**가 많다.

destroy [distrɔ́i]

동 파괴하다, 파멸시키다

ex The rock was **destroyed** by a bomb.
그 바위는 폭탄으로 **파괴되었다**.

dream [dri:m]

명 꿈 **동** 꿈을 꾸다

ex In my **dream** I flew in the sky.
나는 **꿈**속에서 하늘을 날았어.

end [end]

명 끝, 최후 **동** 끝나다

ex I will **end** my homework soon.
난 숙제를 곧 **끝낼** 거야.

enter [éntər]

동 들어가다, 입력하다, 입학하다

ex She **enters** that room.
그녀가 그 방으로 **들어간다**.

excite [iksáit]

동 흥분시키다, 자극하다

ex The movie was **exciting**.
영화는 **흥미진진했다**.

excuse [ikskjú:z]

명 변명, 이유 **동** 용서하다, 참아 주다, 변명하다

ex I gave an **excuse** to my mother.
나는 엄마에게 **변명**을 했다.

expect [ikspékt]

동 기대하다, (~라고) 생각하다

ex She **expects** a present.
그녀는 선물을 기대하고 있어.

fear [fiər]

동 두려워하다

ex Why do you **fear** me?
왜 나를 두려워하지?

feel [fi:l]

동 느끼다, 기분이 ~하다

파 feeling 감정, 느낌, 기분

ex Today I **feel** very good.
오늘은 기분이 매우 좋아.

fight [fait]

명 전투　동 싸우다

ex I want to **fight** now.
나는 지금 당장 싸우고 싶어.

find [faind]

동 찾다, 발견하다, 알다

ex She **found** a ring.
그녀는 반지를 발견했다.

fine [fain]　

명 벌금, 과태료　**형** 좋은, 훌륭한

ex I'm **fine**, thank you.
나도 덕분에 **잘** 지내.

flee [fliː]　

동 달아나다, 도망치다

ex The rabbit **flees**.
토끼가 **도망간다**.

force [fɔːrs]　

명 힘, 물력　**동** 억지로 ~을 시키다

ex We need a strong **force**.
우리는 강한 **힘**이 필요합니다.

forget [fərgét]　

동 잊다

ex How could I **forget** that?
내가 어쩌다 그것을 **잊어버렸지**?

fun [fʌn]　

명 즐거움, 재미, 놀이

ex The party is a lot of **fun**.
파티가 너무 **재미있다**.

gain [gein]

동 얻다, 획득하다

ex There is much I **gain** from you.
나는 당신에게 **얻는** 것이 참 많아요.

gesture [dʒéstʃər]

명 몸짓, 손짓

ex People use **gestures**.
사람들은 **몸짓**을 사용한다.

go [gou]

동 가다, 도달하다

ex I must **go** there.
나 거기 꼭 **가야해**.

guess [ges]

동 추측하다

ex Just **guess** what is in there.
이 속에 무엇이 들어 있는지 **맞혀** 보시오.

happen [hǽpən]

동 (우연히) 일어나다, 생기다

ex What **happened**?
무슨 일이 **생긴거니**?

have [hǽv]

동 가지고 있다, 먹다

ex I **have** a piano.
나는 피아노를 갖고 있어.

hear [hiər]

동 듣다, 들리다

ex Did you **hear** the news today?
오늘 뉴스 들었니?

hold [hould]

동 잡다, 유지하다, 소유하다

ex **Hold** your tongue!
입 다물어!

hope [houp]

명 희망 **동** 희망하다, 바라다

ex I still have **hope**.
나는 아직 **희망**이 있어.

hurry [hə́ːri]

명 서두름 **동** 서두르다

ex If you don't **hurry** you will be late.
서두르지 않으면 지각할거야.

idea [aidíːə]

명 생각, 이념

ex That's a good **idea**.
그거 좋은 **생각**이네요.

imagine [imǽdʒin]

동 상상하다

ex You can't **imagine** how I feel.
내 기분이 어떤지 너는 **상상할** 수 없을 거야.

interest [íntərəst]

명 관심, 흥미 **동** ~흥미를 일으키게 하다, ~관심을 끌다

ex I am not **interested** in you.
너한테 **관심** 없어.

joy [dʒɔi]

명 기쁨, 즐거움

ex She leaped for **joy** at the news.
그녀는 그 소식을 듣고 **기뻐** 날뛰었다.

laugh [læf]

동 웃다, 비웃다

ex You always **laugh**.
너는 언제나 **웃고** 있지.

leave [li:v]

동 떠나다, 남겨 두다, 남기다

ex I **leave** now.
나 지금 **떠나.**

let [let]

동 ~시키다, ~하도록 하다

ex **Let's** go!
가**자!**

lie [lai]

명 거짓말 동 거짓말하다

ex He is **lying**.
그는 **거짓말하고** 있다.

like [laik]

동 좋아하다 전 ~와 비슷한, ~처럼

ex I **like** father.
나는 우리 아빠를 **좋아해.**

live [liv]

동 살다, 거주하다

ex It still **lives**.
이것은 아직 **살아있다.**

load [loud]

명 짐, 부담　동 짐을 싣다

ex He carries a **load**.
그는 **짐**을 나른다.

lonely [lóunli]

형 외로운, 고독한

ex She looks like a **lonely** person.
그녀는 **외로운** 사람 같다.

lose [lu:z]

동 잃다, 지다

ex I **lost** one piece.
내가 한 조각을 **잃어버렸다**.

love [lʌv]

명 사랑　동 사랑하다

ex I **love** you.
나는 당신을 **사랑합니다**.

luck [lʌk]

명 행운

ex It will bring you good **luck**.
이것이 당신에게 **행운**을 가져다 줄 거예요.

○ 그림으로 읽기	○ 문장으로 끝내기

mad [mæd]

형 미친, 실성한

ex He is **mad**.
그는 제 정신이 아냐.

make [meik]

동 만들다, 준비하다

ex They are **making** a snowman.
그들은 눈사람을 만들고 있다.

meet [miːt]

동 만나다, 충족시키다

ex I **meet** a friend at the airport.
나는 친구들을 공항에서 만나요.

message [mésidʒ]

명 소식, 전갈, 편지 내용, 교훈

ex This is Mark's **message**.
이것은 마크 씨의 메시지입니다.

mind [maind]

명 마음, 생각 동 언짢아하다, (~에) 주의하다, 조심하다

ex It never slipped my **mind**.
그 일이 마음속에서 떠나지 않았다.

Part 03 자신감을 갖게 하는 표현과 행동 어휘 Emotional expressions and actions 87

mistake [mistéik]

명 실수, 잘못 동 실수하다, 잘못 생각하다, 오해하다

ex It's my **mistake**.
제 **실수**입니다.

mood [muːd]

명 기분, 분위기, 변덕

ex I am in a bad **mood** today.
나 오늘 **기분**이 안 좋아.

need [niːd]

명 필요, 소용 동 필요로 하다

ex I **need** it immediately.
나는 당장 그게 **필요해**.

peace [piːs]

명 평화

ex The pigeon is a symbol of **peace**.
비둘기는 **평화**의 상징이다.

pick [pik]

동 따다, 고르다, 줍다

ex **Pick** one of these.
이 중에서 하나를 **고르세요**.

pitch [pitʃ]

통 던지다

ex **Pitch** the ball well!
공 잘 던져!

pity [píti]

명 동정, 연민　통 동정하다

ex What a **pity**!
참 **불쌍**하구나!

plan [plæn]

명 계획　통 계획하다

ex I **planned** my vacation.
나는 방학 **계획**을 세웠어.

plant [plænt]

명 식물, 공장, 시설　통 심다, 설치하다, 건설하다

ex She put down a **plant**.
그녀는 **식물**을 심는다.

play [plei]

명 놀이, 연극　통 놀다, 연주하다, (게임이나 경기 등을) 하다

ex I **played** football with my friends.
나는 친구들과 함께 축구**를** 했다.

please [pliːz]

동 기쁘게 하다　부 부디, 제발

ex **Please** sit down.
부디 자리에 앉으세요.

pleasure [pléʒər]

명 기쁨, 즐거움　파 pleased 기뻐하는, 만족한

ex She heard the news with **pleasure**.
그녀는 소식을 듣고 무척 **좋아했다**.

prefer [prifɔ́ːr]

동 ~을 더 좋아하다

ex I **prefer** fruit to meat.
나는 고기**보다** 과일이 **더 좋아**.

promise [prámis]

명 약속　동 약속하다

ex You must keep a **promise**.
너는 **약속**을 지켜야 해.

protect [prətékt]

동 보호하다, 막다, 지키다

ex Mother **protects** me.
엄마는 나를 **보호한다**.

90

pull [pul]

동 잡아당기다, 끌다

ex He **pulled** a sled.
그는 썰매를 **끌었다**.

push [puʃ]

동 밀다, 밀어내다

ex He **pushed** a person.
그는 사람을 **밀었다**.

put [put]

동 놓다, 더하다, 내놓다

ex **Put** the bag there.
가방을 그곳에 **놓으세요**.

receive [risíːv]

동 받다

ex I want to **receive** more pocket money.
나는 용돈을 더 **받고** 싶어요.

record [rikɔ́ːrd]

명 기록, 레코드

ex It is a new world **record**.
이것은 세계 신**기록**이다.

refuse [rifjúːz]　

图 거절하다, 거부하다

ex She **refused** his offer.
그녀는 그의 제안을 **거절했다**.

regret [rigrét]　

图 후회, 유감　图 후회하다

ex I **regret** that.
난 그 일을 **후회해**.

remember [rimémbər]

图 기억하다, 생각해내다

ex I **remember** my youth.
나는 내 어린 시절을 **기억해**.

remove [rimúːv]　

图 옮기다, 이전하다, 제거하다

ex He **removed** the watermelon seed.
그는 수박씨를 **제거했다**.

respect [rispékt]

图 존경　图 존경하다, (법 등을) 준수하다

ex The students **respect** him.
학생들은 그를 **존경한다**.

rest [rest]

명 휴식, 나머지　**동** 쉬다

ex I must take a **rest**.
나는 반드시 **휴식**을 취해야 해.

return [ritə́ːrn]

동 돌아가다, 돌아오다

ex I waited for him to **return**.
난 그가 **돌아오기**를 기다렸어.

ride [raid]

동 타다, 타고 가다

ex He **rides** away on a horse.
그는 말을 **타고** 달린다.

roll [roul]

명 통, 두루마리　**동** 구르다, 굴리다

ex He has **rolled** paper.
그는 **말린** 종이를 가지고 있다.

save [seiv]

동 (사람, 생명 등을) 구하다, 저축하다, 덜어주다

ex I **save** up for a rainy day.
난 만일을 대비해 **저축하고** 있어.

scared [skɛərd]

형 무서워하는, 겁을 먹은

ex He was **scared**.
그는 겁을 먹었다.

see [siː]

동 보다, 보이다, 만나다, 알다

ex He **sees** above the sky.
그는 하늘 위를 **본다**.

seek [siːk]

동 찾다, 구하다

ex I will **seek** the answer.
난 답을 **찾을** 거야.

send [send]

동 보내다, 전하다

ex He **sent** a worker.
그는 일꾼을 **보냈다**.

shoot [ʃuːt]

동 쏘다, 사격하다

ex Don't **shoot** me!
나에게 총을 **쏘지** 마!

show [ʃou]　

동 보여주다, 안내하다

ex Will you **show** me the ticket?
티켓 좀 보여주시겠습니까?

sleep [sliːp]　

명 잠, 수면　동 자다

ex She **sleeps** late.
그녀는 늦잠을 잔다.

smell [smel]　

명 냄새　동 냄새를 맡다

ex **Smell** that.
그 냄새를 맡아봐.

smile [smail]　

명 미소　동 미소짓다

ex Mother **smiled** at me.
엄마는 내게 **미소를 지으셨다.**

solve [salv]　

동 풀다, 해결하다

ex This problem is not **solved**.
이 문제가 안 **풀린다.**

spend [spend]

동 쓰다, 소비하다, 낭비하다

ex **I spent** all the money shopping.
난 쇼핑으로 돈을 다 **썼다**.

start [stɑːrt]

동 출발하다, 시작하다

ex **Start** now.
지금부터 **시작이야**.

step [step]

명 걸음, 발소리 동 걷다, 한 걸음 내딛다

ex He **stepped** on it.
그는 그것을 **밟았다**.

stop [stɑp]

명 정지, 정류장 동 멈추다, 그만두다

ex **Stop!**
멈추세요!

sure [ʃuər]

형 틀림없는, 확신하고 있는

ex This place is **sure**.
이 장소가 **확실하다**.

take [teik]

통 잡다, (시간이) 걸리다, 가져가다, 받다

ex **Take** this.
이거 받아.

taste [teist]

명 미각, 맛　통 맛보다, ～맛이 나다

ex I enjoy the fresh **taste** of foods.
나는 음식의 신선한 **맛**이 좋아.

tear [tiər]

통 눈물을 흘리다, 찢다

ex A **tear** came to my eye.
나는 **눈물**이 났어.

tell [tel]

통 ～에게 말하다

ex **Tell** me that story.
나에게 그 얘기를 **말해줘**.

thank [θæŋk]

통 감사하다, 고마워하다

ex **Thanks** very much.
정말 **감사해요**.

think [θiŋk]

동 생각하다

ex I'll have to **think** about it.
그것에 대해 **생각** 좀 해봐야겠어.

touch [tʌtʃ]

명 접촉　동 닿다, 감동시키다, 만지다

ex Don't **touch** me.
나를 **만지**지마세요.

true [truː]

명 진실, 참　형 정말의, 진실한, 참으로

ex My word is **true**.
내 말은 **사실**이에요.

try [trai]

동 해보다, 시도하다, 노력하다

ex I will **try** this.
나 이거 **해** 볼래.

upset [ʌpset]

형 심란한, 엉망진창이 된　동 뒤엎다, 속상하게 만들다

ex It is very **upset**.
엉망진창이구나.

98

use [juːz]

명 사용, 용도　**동** 사용하다

ex I will **use** the cheese in cooking.
요리에 치즈를 **사용할** 거예요.

wait [weit]

동 기다리다, 시중들다

ex I am **waiting** for the bus.
나는 버스 **기다리고** 있어.

wake [weik]

동 잠이 깨다, 깨우다

ex **Wake** up!
일어나!

walk [wɔːk]

명 산책　**동** 걷다

ex She **walked** to the house.
그녀는 집까지 **걸어왔다**.

want [wɔːnt]

동 원하다, 바라다

ex I **want** this dress.
저는 이 옷을 **원해요**.

wash [waʃ]

동 씻다, 세탁하다

ex She **washed** her hands.
그녀는 손을 씻었다.

wish [wiʃ]

명 소원　동 원하다

ex My **wish** is to fly in the sky.
내 소원은 하늘을 나는 거야.

wonder [wʌndər]

명 놀라움, 경이　동 놀라다, 궁금해 하다

ex I **wonder** who she is.
난 그녀가 누군지 **궁금해**.

worry [wə́ːri]

명 걱정, 근심　동 걱정시키다, 걱정하다

파 worried 걱정스러운, 걱정하는

ex I **worry** about that.
나는 그 일이 **걱정돼**.

yeah [jεə]

부 응, 그래

ex **Yeah**, is that so?
그래, 정말이니?

○ 문장 속 괄호에 알맞은 단어를 연결해요.

catch ❶

feel ❷

guess ❸

prefer ❹

record ❺

ⓐ I (   ) fruit to meat.

ⓑ Just (   ) what is in there.

ⓒ It is a new world (   ).

ⓓ Did you (   ) what I said?

ⓔ Today I (   ) very good.

정답 ❶-ⓓ, ❷-ⓔ, ❸-ⓑ, ❹-ⓐ, ❺-ⓒ

○ 빈칸에 들어갈 단어의 스펠링을 올바르게 나열해요.

❶ I was too [   ] of this place.

나는 이곳이 너무 무서웠어. (afadri)

❷ She is [   ] about something.

그녀는 무언가를 걱정한다. (ouixnas)

❸ These goods are in great [   ].

이 상품은 수요가 많다. (anmedd)

❹ I want to [   ] more pocket money.

나는 용돈을 더 받고 싶어요. (ereicev)

❺ Will you [   ] me the ticket?

티켓 좀 보여주시겠습니까? (swoh)

정답 ❶ afraid ❷ anxious ❸ demand ❹ receive ❺ show

1 **touch** 닿다　　touch

2 **apology** 사죄　　apology

3 **appear** 나타나다　　appear

4 **believe** 믿다　　believe

5 **borrow** 빌리다　　borrow

6 **conduct** 행동하다　　conduct

7 **control** 통제　　control

8 **decide** 결심하다　　decide

다음의 단어들을 쓰면서 뜻을 기억해요.

9	forget	잊다	forget
10	imagine	상상하다	imagine
11	mistake	실수	mistake
12	please	부디	please
13	promise	약속	promise
14	protect	보호하다	protect
15	regret	후회하다	regret
16	remove	옮기다	remove

혓바닥 e 혓바닥 없는 c 머리묶은 a 동글이 o

Part

04

About the Person

영어의 힘을 갖게 하는
사람 관련 어휘

○ 그림으로 읽기	○ 문장으로 끝내기	

한 번 읽을 때마다 체크해 봐요!

able [éibl] ☑☐☐

형 유능한, ~할 수 있는

ex I am **able** to count.
나는 숫자를 셀 **수 있어요**.

adult [ədʌ́lt] ☐☐☐

명 성인, 어른 형 성숙한, 어른이 된

ex She is an **adult**.
그녀는 **어른**이다.

alike [əláik] ☐☐☐

형 비슷한, 서로 같은 부 마찬가지로, 같게

ex I am **alike** my father.
난 아빠를 **닮았어요**.

baby [béibi] ☐☐☐

명 아기, 젖먹이

ex The **baby** is crying.
아기가 울고 있어.

bad [bæd]

형 나쁜, 불쾌한, 불량한, 서투른

ex It is **bad** news.
나쁜 소식입니다.

beautiful [bjú:təfəl]

형 아름다운, 멋진

ex It is a really **beautiful** dress.
정말 **아름다운** 드레스야.

best [best]

형 최상의, 가장 좋은

ex He is my **best** friend.
그는 내 **가장 친한** 친구야.

big [big]

형 큰, 커다란

ex He is a really **big** man.
그는 정말 **크다**.

birthday [bə́:rθdèi]

형 생일

ex Happy **birthday**!
생일 축하해!

calm [ka:m]

형 조용한, 침착한, 차분한

ex My mind became **calm**.
마음이 **진정**돼요.

careful [kέərfəl]

형 조심하는, 주의 깊은

ex Be **careful**!
조심해!

children [tʃíldrən]

명 아이들(child의 복수)

ex The **children** play ball.
아이들은 공놀이를 한다.

citizen [sítəzən]

명 시민, 국민

ex They are **citizens**.
그들은 **시민**이다.

common [kámən]

형 공통의, 일반의, 보통의

ex We have things in **common**.
우리에겐 **공통점**이 있어.

couple [kʌpl]

명 부부, 한 쌍, 두 사람(개)

ex That **couple** get on well together.
참 잘 어울리는 한 쌍이다.

courage [kɔ́ːridʒ]

명 용기

ex You have **courage**.
너 참 용기 있구나.

curious [kjúəriəs]

형 궁금한, 호기심이 많은

ex She got **curious**.
그녀는 호기심이 생겼다.

die [dai]

동 죽다, 사망하다

ex My grandfather **died** last year.
할아버지는 작년에 돌아가셨다.

diligent [dílədʒənt]

형 부지런한, 성실한

ex He is a **diligent** person.
그는 부지런한 사람이야.

doubt [daut]

명 의심, 의혹, 의문　동 의심하다, 믿지 않다

ex I **doubt** if the picture is genuine.
이 그림이 진품인지 **의심스러워**.

family [fǽməli]

명 가족, 가정

ex There are six in our **family**.
우리 **가족**은 6명이야.

fast [fæst]

형 빠른　부 빨리

ex You are indeed **fast**.
너는 정말 **빠르구나**.

fat [fæt]

명 지방　형 뚱뚱한, 살찐

ex She is a **fat** person.
그녀는 **뚱뚱한** 사람이다.

fault [fɔːlt]

명 잘못, 책임

ex It is my **fault**.
이건 내 **잘못**이야.

free [friː] ☐☐☐

형 한가해진, 무료의, 자유의, ~이 없는

ex I am **free** today.
저 오늘 한가해요.

gentle [dʒéntl] ☐☐☐

형 온화한, 순한, 점잖은

파 gentleman 신사

ex He is a **gentle** man.
그는 온순한 사람이야.

girl [gəːrl] ☐☐☐

명 소녀, 여성

반 boy 소년

ex She is my **girl**friend.
제 여자 친구예요.

good [gud] ☐☐☐

명 선, 이익 형 좋은, 잘 된, 친절한, 충분한

ex He is a **good** person.
그는 좋은 사람이다.

guard [gaːrd] ☐☐☐

명 경호원 동 지키다, 보호하다

ex The dog is her **guard**.
그 개는 그녀의 **경호원**이다.

heavy [hévi]

형 무거운, 육중한

ex This stone is very **heavy**.
이 돌은 아주 **무겁다**.

hobby [hábi]

명 취미

ex My **hobby** is growing flowers.
내 **취미**는 화초 가꾸기야.

honest [ánisti]

형 정직한, 솔직한

파 honesty 정직함

ex He speaks with **honesty**.
그는 **솔직하게** 말해.

join [dʒɔin]

동 ~에 가입하다, 결합하다, 참여하다

ex I also want to **join**.
나도 **참여하고** 싶다.

kid [kid]

명 아이, 새끼 염소

ex The **kid** is small and cute.
이 **아이**는 작고 귀엽구나.

kind [kaind]

명 종류, 유형 **형** 친절한

ex What **kind** of car are you looking for?
어떤 **종류**의 차를 찾나요?

king [kiŋ]

명 왕, 국왕

ex The **king** commanded.
왕은 명령했다.

lady [léidi]

명 숙녀, 부인, 여성

ex She is the most wonderful **lady**.
그녀는 가장 멋진 **여성**이야.

lazy [léizi]

형 게으른, 나태한

ex She is **lazy**.
그녀는 게을러.

life [laif]

명 삶, 생명, 인생

ex There is **life** and death here.
이곳에는 **삶**과 죽음이 있다.

long [lɔːŋ]

형 긴, 오랫동안　동 간절히 바라다(for)

ex This bread roll is **long**.
이 밀가루 반죽은 **길다**.

loud [laud]

형 소리가 큰, 시끄러운

ex That child's voice is too **loud**.
그 아이는 목소리가 너무 **커**.

man [mæn]

명 남자, 사람

ex He is a brave **man**.
그는 용감한 **남자**다.

mankind [mænkaɪnd]

명 인류, 인간

ex The history of **mankind** is interesting.
인류의 역사는 흥미롭다.

mild [maild]

형 온화한, 상냥한, 가벼운, 순한

ex He is a very **mild** person.
그는 매우 **온순한** 사람이야.

nice [nais]

형 좋은, 멋진, 즐거운, 훌륭한

ex Today is a **nice** day.
오늘은 좋은 날이야.

parent [péərənt]

명 어버이, 부모

ex We greeted our **parents**.
우리는 **부모님**께 인사드렸다.

people [pí:pl]

명 사람들, 민족

ex All the **people** look tired.
사람들은 모두 지친 표정이다.

person [pə́:rsn]

명 인간, 사람, 개인

ex The **person** is slightly strange.
그 **사람**은 조금 이상해.

polite [pəláit]

형 예의 바른, 공손한, 정중한

파 politely 공손하게, 예의 바르게

ex He is a **polite** person.
그는 **예의 바른** 사람이야.

poor [puər]

형 가난한, 빈곤한

ex He is very **poor**.
그는 너무 **가난하다**.

pretty [príti]

형 예쁜, 귀여운　부 상당히

ex She is **pretty**.
그녀는 **귀여워**.

princess [prínses]

명 공주

ex The **princess** lives here.
공주는 이곳에서 산다.

problem [prábləm]

명 문제, 어려운 사정

ex What is the **problem**?
무엇이 **문제**지?

queen [kwiːn]

명 여왕

ex The **queen** is beautiful.
여왕은 아름답다.

real [ríːəl]

형 진짜의, 현실적인, 실제의

ex This is the **real** situation.
이것은 **실제** 상황이다.

really [ríːəli]

부 실제로, 진짜로

ex Is that **really** true?
그 말이 **정말** 사실인가요?

relative [rélətiv]

명 친척　형 관계가 있는, 비교상의, 상대적인

ex We are **relatives**.
우리는 **친척**이다.

rich [ritʃ]

형 부유한, 돈 많은, 부자의

ex He is a **rich** man.
그는 **부자**다.

sense [sens]

명 감각　동 느끼다, 감각으로 분별하다

ex He has a keen **sense** of smell.
그는 **후각**이 예민하다.

serious [síəriəs]

형 진지한, 심각한, 중대한

ex The patient's situation is **serious**.
지금 환자의 상태는 **심각합니다**.

short [ʃɔːrt]

형 짧은, 키가 작은

ex Her skirt is **short**.
그녀의 치마 길이는 **짧다**.

single [síŋgl]

형 단 하나의, 단일의, 독신의

ex She wants to stay **single**.
그녀는 **독신으로** 살길 원한다.

straight [streit]

형 곧은, 직선의, 똑바로　부 똑바로

ex Run **straight**.
똑바로 달려.

strange [streindʒ]

형 이상한, 낯선, 색다른

ex I saw a **strange** person.
나 **이상한** 사람 봤어.

118

strong [strɔːŋ]

형 튼튼한, 강한, 힘센

ex He is very **strong**.
그는 매우 **강하다**.

suppose [səpóuz]

동 가정하다, 추정하다

ex What do you **suppose** he is thinking?
그가 무슨 생각을 하고 있는 것 **같아요**?

tall [tɔːl]

형 키가 큰, 높은

ex He is very **tall**.
그는 키가 매우 **크다**.

tired [taiərd]

형 피곤한, 지친, 싫증난

ex He was very **tired**.
그는 매우 **피곤했다**.

together [təgéðər]

부 함께, 다같이

ex We were **together** for a long time.
우리는 오랫동안 **함께** 해왔다.

tribe [traib]

명 부족, 종족

ex They are an African **tribe**.
그들은 아프리카 **부족**이다.

trust [trʌst]

명 신뢰, 믿음 동 신뢰하다, 믿다

ex **Trust** me.
나를 믿으세요.

ugly [ʌgli]

형 못생긴, 추한

ex She is **ugly** but very kind.
그녀는 **못생겼지만** 아주 친절하다.

wealth [welθ]

명 부, 재산

파 wealthy 부유한

ex He inherited **wealth**.
그는 **부**를 물려받았다.

wedding [wédiŋ]

명 결혼식, 결혼, 혼례

ex Today is my **wedding** day.
오늘은 나의 **결혼식**날이에요.

welcome [wélkəm] ☐☐☐

명 환영, 환대 **동** 맞이하다, 환영하다

ex **Welcome** to all.
여러분 환영합니다.

wisdom [wízdəm] ☐☐☐

명 지혜, 현명함

ex He has **wisdom**.
그는 **지혜**를 가지고 있다.

wise [waiz] ☐☐☐

형 지혜로운, 현명한

ex He is very **wise**.
그는 아주 **현명하다**.

woman [wúmən] ☐☐☐

명 여자, 여성

ex She was a beautiful **woman**.
그녀는 아름다운 **여자**였지.

young [jʌŋ] ☐☐☐

형 어린, 젊은, 덜 성숙한

반 old 나이든, 오래된

ex A **young** soldier is walking.
젊은 군인이 걷고 있다.

4장 영어의 힘을 갖게 하는 사람 관련 어휘

○ 문장 속 괄호에 알맞은 단어를 연결해요.

able	❶	ⓐ	The patient's situation is (　　　).
alike	❷	ⓑ	I am (　　　) to count.
beautiful	❸	ⓒ	We have something in (　　　).
common	❹	ⓓ	It is a really (　　　) dress.
real	❺	ⓔ	I am (　　　) my father.
serious	❻	ⓕ	This is the (　　　) situation.

정답 ❶ - ⓑ, ❷ - ⓔ, ❸ - ⓓ, ❹ - ⓒ, ❺ - ⓐ, ❻ - ⓕ

○ 빈칸에 들어갈 단어의 스펠링을 올바르게 나열해요.

❶ She got _____.

그녀는 호기심이 생겼다. (courius)

❷ I _____ if the picture is genuine.

이 그림이 진품인지 의심스럽다. (odbut)

❸ The dog is her _____.

그 개는 그녀의 경호원이다. (dargu)

❹ He inherited _____.

그는 부를 물려받았다. (wlaeht)

❺ He has _____.

그는 지혜를 가지고 있다. (iswond)

정답 ❶ curious ❷ doubt ❸ guard ❹ wealth ❺ wisdom

1 relative   친척   relative

2 careful   조심하는   careful

3 together 함께   together

4 citizen   시민   citizen

5 strange   이상한   strange

6 family   가족   family

7 gentle   온화한   gentle

8 heavy   무거운   heavy

혓바닥 e   혓바닥 없는 c   머리묶은 a   동글이 o

Part

05

Things &
Function Words

중등 완벽 대비
사물과 기능어 어휘

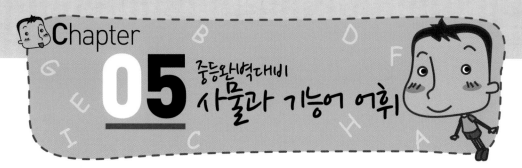

○ 그림으로 읽기	○ 문장으로 끝내기	

한 번 읽을 때마다 체크해 봐요!

ab**①**ut

about [əbáut] ☑☐☐

전 ~에 대해, ~경(쯤)에

ex Let's talk **about** that robot.
저 로봇에 **대해** 얘기해 보자.

abov**②**

above [əbʌv] ☐☐☐

전 ~보다 위에, ~을 넘는

ex A bird is flying **above** the robot.
로봇 **위로** 새가 날고 있다.

---

acc**③**rding

according [əkɔ́:rdiŋ] ☐☐☐

부 ~에 따라서, ~에 의하여, 일치하여

ex **According** to this report, it is true.
이 보고서에 **따르면** 그것은 맞아요.

④cross

across [əkrɔ́:s] ☐☐☐

부 건너서, 가로질러　전 ~을 건너서, ~을 가로질러서

ex The robot is going **across** the river.
로봇이 강을 **건너고** 있다.

after [ǽftər]

접 부 ~후에, ~의 뒤에　전 뒤에

ex The robot is running **after** the robber.
로봇이 강도를 **뒤쫓고** 있다.

against [əgénst]

전 ~에 반대하여, ~에 기대어

ex The robot fought **against** the enemy.
로봇이 적에 **맞서** 싸웠다.

ago [əgóu]

부 ~전에

ex I left my house two years **ago**.
나는 2년 **전에** 집을 떠났다.

ahead [əhéd]

부 앞에, 앞쪽에, 앞으로

ex Robot is looking **ahead**.
로봇이 앞을 똑바로 보고 있다.

almost [ɔ́ːlmoust]

부 거의, 대부분, 대체로

ex I was **almost** finished.
난 **거의** 다 했어.

along [əlɔ́ːŋ]

전 ~을 따라서, ~을 끼고

ex Robot is walking **along** the street.
로봇이 길을 **따라** 걷고 있다.

already [ɔːlrédi]

부 이미, 벌써

ex We **already** know.
우리는 **이미** 알아.

also [ɔ́ːlsou]

부 ~도 또한, 역시

ex I **also** think so.
나 **역시** 그렇게 생각해.

although [ɔːlðóu]

접 비록 ~이지만

ex **Although** it is very cold they are alive.
매우 추웠**지만**, 그들은 살아있습니다.

always [ɔ́ːlweiz]

부 항상, 언제나

ex We **always** go together.
우리는 **늘** 함께 다닌다.

among [əmʌ́ŋ]

전 (셋 이상의) 사이에, ~속에서

ex The robot walked **among** the crowd.
그 로봇은 군중들 속에서 걸었다.

another [ənʌ́ðər]

형 다른 하나의, 또 하나의

ex Would you like **another** cup of coffee?
커피 한 잔 더 드시겠어요?

around [əráund]

부 주위에

ex Robot went **around** the world.
로봇이 지구 **주위를** 돌았다.

as [əz]

접 ~처럼, ~으로서

ex Robot treats me **as** a friend.
로봇이 날 친구로 대해줘요.

at [ǽt]

전 ~에(서), (시간 앞에) ~시에

ex Robot arrived **at** that spot.
로봇이 그곳에 도착했다.

because [bikɔ́:z]

접 ~때문에, 왜냐하면

ex I can't work **because** I am tired.
나는 피곤하기 **때문에** 일을 할 수 없다.

behind [biháind]

전 ~의 뒤에

ex Look **behind**. Robot is coming.
뒤를 봐. 로봇이 오고 있어.

below [bilóu]

전 ~보다 아래에, ~미만의, ~이하의

ex Robot swam **below** the surface.
로봇이 수면 **아래로** 잠수해 들어갔다.

beneath [biní:θ]

전 ~의 바로 밑에, ~보다 낮은

ex Robot sat **beneath** the table.
그 로봇은 탁자 **밑**에 앉았다.

beside [bisáid]

전 ~옆에, ~에 비해서

ex I sat down **beside** robot.
나는 로봇 **옆**에 앉았다.

130

better [bétər]

형 더 좋은　동 더 낫다

ex Which is the **better** of the two?
둘 중 어떤 게 **더 좋을까**?

between [bitwíːn]

전 (둘의) 사이에

ex Robot is stuck **between** the two cars.
로봇이 두 대의 차 **사이에** 끼었다.

beyond [biánd]

전 ~을 넘어서, ~의 저쪽에, ~이상으로

ex The sun went **beyond** the hill.
해가 언덕으로 **넘어**간다.

box [baks]

명 상자

ex In the **box** is a present.
상자 안에 선물이 들어 있다.

by [bai]

전 ~의 곁에, ~까지, ~에 의하여

ex Come and sit **by** me.
내 **옆에** 와서 앉아.

double [dʌbl]

명 두 배, 갑절 동 두 배로 하다

ex Give me a **double** salad.
샐러드를 **두 배로** 주세요.

down [daun]

부 아래로

ex Robot is jumping **down**!
로봇이 **아래로** 뛰어내리고 있어요!

during [djúəriŋ]

전 ～동안 (내내)

ex The robot lived in the lab **during** a year.
그 로봇은 1년 **동안** 실험실에 있었다.

each [iːtʃ]

형 각각의, 개개의

ex **Each** went his own way.
그들은 **각자의** 길을 갔다.

early [ə́ːrli]

형 이른 부 일찍이

ex I left **early**.
난 아침 **일찍** 출발했어.

either [íːðər]

부 (둘 중) 어느 한쪽(의)

ex **Either** he or I must leave.
그와 나 둘 중 하나는 떠나야 한다.

else [els]

부 그 밖에

ex Do you need anything **else**?
그밖에 더 필요한 거 있으세요?

empty [émpti]

형 빈, 비어 있는

ex This is an **empty** box.
이것은 **빈** 상자이다.

enough [inʌf]

형 충분한

ex The materials are **enough**.
재료는 **충분해요.**

especially [ispéʃəli]

부 특별히

ex You must be **especially** careful.
특별히 조심해서 다녀야 해.

ever [évər]

부 언제나, 이제까지, 언젠가

ex Were you **ever** this late before?
지금까지 이렇게 늦어 본적 있니?

everything [evriθiŋ]

명 모든 것, 무엇이나 다

ex This is **everything** I have.
이게 내가 가진 **모든 것**이야.

except [iksépt]

접 ~을 제외하고, ~외에는

ex All left **except** me.
나만 **빼고** 모두 다 떠났어.

few [fjuː]

형 적은, 소수의, 거의 없는

ex A **few** of my relatives live here.
이곳에 친척 **몇 명**이 살고 있어요.

for [fɔ́ːr]

전 ~을 위하여, ~동안

ex It is a present **for** you.
너를 **위한** 선물이야.

from [frʌm]

전 ~로부터

ex The robot came **from** America.
그 로봇은 미국에서 왔다.

full [ful]

형 가득 찬, 충분한

ex The cup is **full** of water.
컵은 물로 **가득** 찼다.

great [greit]

형 거대한, 많은, 엄청난, 위대한, 훌륭한

ex People are in **great** numbers.
수많은 사람들이 있다.

hard [haːrd]

형 어려운, 딱딱한　부 열심히, 심하게

ex The brick is **hard**.
이 벽돌은 **단단하다**.

huge [hjuːdʒ]

형 거대한, 막대한

ex There is a **huge** boat in that place.
저 곳에 **거대한** 배가 있다.

in [ín]

전 ~의 안쪽에, ~내부에

ex The robot is walking **in** the cave.
로봇이 굴속으로 걸어 들어가고 있다.

indeed [indíːd]

부 정말로, 참으로

ex "Why did he do it?" "Why **indeed**?"
"그가 왜 그랬지?" "정말 왜일까?"

insert [insɔ́ːrt]

동 삽입하다, 넣다

ex Please **insert** a setup CD.
설치 CD를 넣어주세요.

inside [insáid]

전 ~의 안쪽에, 내부에

ex The robot looked **inside** the office.
로봇이 사무실 안을 들여다보았다.

instead [instéd]

부 대신에

ex **Instead** of that, give me this.
그것 대신 이것으로 주세요.

into [ìntuː]

전 ~안에, ~안쪽으로

ex Robot threw the car **into** the fire.
로봇이 자동차를 불 **속에** 집어 던졌다.

item [áitəm]

명 물건, 품목

ex I will let you know the price of that **item**.
그 **품목**의 가격을 알려 드리겠습니다.

just [dʒʌst]

부 딱, 이제 막, 방금, 공정한

ex The weather is **just** right.
운동하기에 **딱** 좋은 날씨예요.

large [laːrdʒ]

형 큰, 넓은

ex The clothes are a bit **large**.
이 옷은 좀 **커요**.

later [léitər]

형 더 늦은, 더 뒤에　부 나중에, 후에

ex See you **later**.
나중에 또 봐.

list [list]

명 명단, 목록

ex Your name is on the **list**.
이 **명단**에 네 이름이 있어.

many [méni]

형 많은, 다수의

ex There are **many** fruits in the basket.
바구니 안에 **많은** 과일들이 있다.

may [mei]

명 5월　조동 ~해도 좋다, ~일지도 모른다

ex I don't know if he **may** be a pig.
그는 돼지**일지도** 몰라.

maybe [méibiː]

부 아마, 어쩌면

ex **Maybe** he is right.
어쩌면 그가 옳을지도 모른다.

more [mɔːr]

형 더 많은, 더 큰

ex Mother, please give me **more**.
엄마, 좀 **더** 주세요.

138

near [niər]

형 가까운　부 가까이

ex The robot lives somewhere **near** here.
그 로봇은 이 **근처** 어딘가에 산다.

necessary [nésəsèri]

형 필요한

ex This is a **necessary** item.
이것은 반드시 **필요한** 물건이에요.

neither [níːðər]

형 (둘 중) 어느 쪽도 아니다　부 (둘 다) ~도 ~도 아니다

ex **Neither** are mine.
양쪽 **모두** 제 것이 **아니에요.**

never [névər]

부 결코 ~하지 않다

ex I was **never** there at all.
나는 결코 거기에 간 적이 **없어요.**

next [nekst]

형 다음의, 옆의

ex Who's **next**?
다음 손님?

of [ʌv]

전 ~의, ~중에

ex That robot is one **of** my friends.
저 로봇은 제 친구 **중** 한 명이에요.

off [ɔːf]

전 ~에서 떨어져서

ex Take one foot **off** the floor.
한쪽 발을 바닥**에서** 떼.

often [ɔ́ːfən]

부 종종, 흔히, 자주

ex I **often** go there.
나 거기 **자주** 가.

on [ʌn]

전 ~위에, ~에, ~도중에

ex Robot put the gun down **on** the table.
로봇이 탁자 **위에** 총을 내려놓았다.

out [aut]

부 전 밖으로, 밖에

ex Get **out** of my house.
내 집 **밖으로** 나가란 말이야.

over [óuvər]

전 ~위에, ~이상

ex The robot is climbing **over** the wall.
로봇이 담 **위로** 넘어가고 있다.

own [oun]

형 자기 자신의 동 소유하다

ex I **own** this car now.
이 차는 이제 **내꺼야**.

past [pæst]

명 과거 형 과거의, 지나간

ex Now it's **past** your bedtime.
잠 잘 시간이 **지났단다**.

perhaps [pərhǽps]

부 아마, 혹시

ex **Perhaps** that friend is frank.
아마 그 친구는 솔직한 것 같아.

probably [prábəbli]

부 아마도

ex You **probably** won't believe it.
아마도 그 사실은 믿기 어려울 거예요.

quality [kwáləti]

명 질, 품질

ex This is a good **quality** stocking.
이것은 질이 좋은 스타킹이다.

quick [kwik]

형 빠른 부 빨리

ex That lady is very **quick**.
그 아줌마는 매우 **빨랐어**.

quiet [kwáiət]

형 조용한, 한적한

ex Here it is very **quiet**.
이곳은 매우 **조용해**.

rather [rǽðər]

부 꽤, 약간, 상당히, 다소, 오히려

ex She hurt her leg **rather** badly.
그녀는 다리를 **꽤** 심하게 다쳤어.

recently [ríːsntli]

부 최근에, 요즘에

ex **Recently** I hurt my leg.
나는 **최근에** 다리를 다쳤다.

142

round [raund]

형 둥근, 원형의, ～주위에, ～을 돌아서

ex The world is **round**.
지구는 둥글다.

scarcely [skέərsli]

부 거의 ～않다, 겨우, 간신히

ex I can **scarcely** believe it.
나는 그것을 **거의** 믿을 수가 **없다**.

sharp [ʃɑːrp]

형 날카로운, 예리한

ex The knife is **sharp**.
이 칼은 날카롭다.

since [sins]

전 ～이래로, 이후부터, ～때문에

ex **Since** 2003 I continue to come here.
나는 2003년**부터** 계속 여기에 와.

slow [slou]

부 천천히, 서서히, 느린

ex Please **slow** down.
천천히 하세요.

soft [sɔːft]　

형 부드러운, 연한, 온화한

ex Boil the onion till it is **soft**.
양파를 **부드러워질** 때까지 삶아라.

sometimes [sʌmtàimz]

부 때때로, 가끔

ex The wolf **sometimes** barks.
늑대는 **때때로** 짖는다.

soon [suːn]

부 곧, 잠시 후

ex I will arrive **soon**.
나 **곧** 도착해.

still [stil]

부 아직도, 여전히

ex She is **still** looking for something.
그녀는 **아직도** 뭔가를 찾고 있다.

such [sʌtʃ]　

형 그러한, 이러한

ex There was **such** a thing.
그런 일이 있었구나.

suddenly [sʌ́dnli]　

부 갑자기, 별안간

ex **Suddenly** he appeared.
갑자기 그가 나타났다.

then [ðen]　

부 그때에, 그리고는, 그러면

ex **Then**, put this in.
그리고 이것을 넣어주세요.

through [θruː]　

전 ~을 통하여, ~을 지나서

ex The bullet went **through** the robot.
그 총알은 로봇을 **관통**했다.

time [taim]　

명 때, 시간

ex The **time** is now 2:30 p.m.
지금은 오후 2시 30분이다.

to [túː]　

전 ~쪽으로, ~까지

ex The robot walked **to** the road.
로봇이 도로**쪽으로** 걸어갔다.

toward [tɔːrd]

전 ~쪽으로, ~을 향하여

ex The robot is going **towards** the town.
로봇이 시내를 **향해** 가고 있다.

under [ʌndər]

전 ~의 아래에

ex Have you looked **under** the bed?
침대 **아래를** 찾아 봤니?

until [əntíl]

접 ~(할 때) 까지

ex Wait **until** three o'clock.
3시**까지** 기다려라.

up [ʌp]

부 위로, ~의 위에

ex The robot is going **up** that tree.
로봇이 저 나무 **위로** 올라가고 있어.

usually [júːʒuəli]

부 보통, 대개

ex I **usually** come back home at 7 o'clock.
나는 **보통** 7시에 집에 가.

very [véri]

부 매우, 대단히

ex He was **very** angry.
그는 **매우** 화가 났다.

whole [houl]

형 전체의, 전부의

ex The **whole** city is very beautiful.
도시 **전체**가 정말 아름답다.

with [wíð]

접 ~와 함께, ~을 가지고

ex This robot lives **with** me.
이 로봇은 나와 **함께** 산다.

within [wiðín]

전 ~이내에, ~범위 안에

ex The robot arrived **within** five minutes.
로봇이 5분 **안에** 도착했다.

yet [jet]

부 아직, 벌써, 그럼에도 불구하고

ex The water is not **yet** boiled.
물이 **아직** 끓지 않았다.

● 문장 속 괄호에 알맞은 단어를 연결해요.

along ❶   ⓐ You (   ) won't believe it.

else ❷   ⓑ This is a good (   ) stocking.

out ❸   ⓒ Robot is walking (   ) the street.

probably ❹   ⓓ Get (   ) of my house.

quality ❺   ⓔ Do you need anything (   )?

정답 ❶ - ⓒ, ❷ - ⓔ, ❸ - ⓓ, ❹ - ⓐ, ❺ - ⓑ

● 빈칸에 들어갈 단어의 스펠링을 올바르게 나열해요.

❶ The robot is going [   ] the river.

로봇이 강을 건너고 있다. (rocass)

❷ The robot fought [   ] the enemy.

로봇이 적에 맞서 싸웠다. (inagast)

❸ I can't work [   ] I am very tired.

나는 피곤하기 때문에 일을 할 수 없다. (beauces)

❹ The sun went [   ] the hill.

해가 언덕으로 넘어간다. (yobedn)

❺ [   ] he or I must leave.

너나 나나 둘 중 하나는 떠나야 한다. (ethrie)

정답 ❶ across ❷ against ❸ because ❹ beyond ❺ either

148

1 above   ~보다 위에   above

2 whole   전체의   whole

3 behind   ~의 뒤에   behind

4 maybe   아마   maybe

5 quick   빠른   quick

6 during   ~동안   during

7 great   거대한   great

8 enough   충분한   enough

헛바닥 e 헛바닥 없는 c  머리묶은 a 동글이 o

Part

06

Social life

내신이 단단해지는

사회생활 어휘

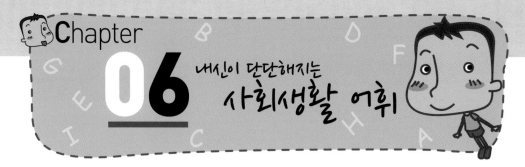

○ 그림으로 읽기　　　　○ 문장으로 끝내기

한 번 읽을 때마다
체크해 봐요!

again [əgén]　☑☐☐

부 다시, 또

ex Do it **again**.
다시 하렴.

airport [erpɔ:rt]　☐☐☐

명 공항

ex In the **airport** there is a stewardess.
공항에는 스튜어디스가 있다.

baggage [bǽgidʒ]　☐☐☐

명 짐, 여행용 수하물

ex We loaded the **baggage** into the car.
우리는 **짐**을 차에 실었다.

bakery [béikəri]　☐☐☐

명 빵집

ex Here is a big **bakery**.
여기 큰 **빵집**이 있다.

bank [bæŋk]

명 은행, 둑, 제방

ex I went to the **bank** to make a deposit.
나는 예금하러 은행에 갔다.

bomb [bam]

명 폭탄   **동** 폭격하다

ex The **bomb** exploded.
폭탄이 폭발했다.

business [bíznis]

명 사업, 일

ex He is good at **business**.
그는 사업을 잘한다.

busy [bízi]

형 바쁜, 분주한

ex He is very **busy** now.
그는 지금 아주 바빠.

campaign [kæmpéin]

명 운동, 캠페인

ex They are the **campaign** team.
그들은 선거운동팀이다.

cash machine [kæʃ məʃíːn]

명 현금인출기(돈을 찾거나 넣을 때 이용하는 기계)

ex Use the **cash machine**.
현금인출기를 이용하세요.

chance [tʃæns]

명 기회, 가능성

ex Give me another **chance**.
한 번만 더 **기회**를 주세요.

church [tʃəːrtʃ]

명 교회

ex He works for the **church**.
그는 **교회**를 위해 일한다.

---

coin [kɔin]

명 동전, 화폐

ex A **coin** fell on the ground.
동전이 바닥에 떨어졌다.

contain [kəntéin]

동 담다, 포함하다, 들어있다

ex This box **contains** many coins.
이 상자 안에는 많은 돈이 **들어있어**.

154

cost [kɔːst]

명 비용 **동** 비용이 들다

ex The original **cost** is very expensive.
원가 **가격**이 너무 비싸요.

credit [krédit]

명 신용, 외상   **팁** credit card 신용카드

ex My father uses a **credit** card.
아빠는 **신용**카드를 사용 하신다.

custom [kʌstəm]

명 습관, 풍습

팁 customs 관세(외국에서 사온 비싼 물건에 세금을 물게 하는 것)

ex There is a unique **custom** in this village.
이 마을에는 독특한 **풍습**이 있다.

dancer [dǽnsər]

명 무용가

ex The **dancer** danced beautifully.
무용가는 아름답게 춤을 췄다.

delivery [dilívəri]

명 배달, 연설, 해방

파 deliver 배달하다, 넘겨주다

ex These must be **delivered** today.
이것들은 오늘 중으로 **배달**돼야 합니다.

dentist [déntist]

명 치과의사

ex The **dentist** is pulling a tooth.
치과의사가 이를 뽑고 있다.

designer [dizáinər]

명 디자이너

ex The **designer** is a famous person.
그 디자이너는 유명한 사람이야.

doctor [dáktər]

명 의사

ex The **doctor** is counselling.
그 의사는 상담을 하고 있다.

drive [draiv]

동 운전하다

ex I **drive** a car every day.
나는 매일 차를 운전한다.

duty [djú:ti]

명 의무, 임무, 세금

ex It is a citizens's **duty**.
이것은 국민의 의무이다.

envelope [énvəlòup] □□□

명 봉투

ex Put the letter into an **envelope**.
편지를 **봉투**에 넣어 주세요.

equal [í:kwəl] □□□

형 같은, 평등한, 동등한

ex Here are two planks of **equal** length.
여기에 **같은** 길이의 나무 두 토막이 있다.

exchange [ikstʃéindʒ] □□□

명 교환, 환전　동 교환하다

ex I want to **exchange** some dollars.
달러로 **환전**하려고 해요.

fact [fækt] □□□

명 사실, 진실

ex His word is a **fact**.
그의 말은 **사실**이야.

factory [fæktəri] □□□

명 공장

ex There is a machine in the **factory**.
그 **공장**에는 기계가 많다.

false [fɔːls]

형 그릇된, 거짓의

ex The rumour is **false**.
그 소문은 **거짓**이에요.

famous [féiməs]

형 유명한

ex He is a **famous** physicist.
그는 **유명한** 물리학자이다.

fare [fέər]

명 요금, 운임

ex How much is the **fare**?
요금은 얼마인가요?

farm [faːrm]

명 농장 동 경작하다

ex I work in the **farm** in the weekend.
나는 주말에 **농장**에서 일해요.

farmer [fáːrmər]

명 농부

ex He works as a **farmer**.
그의 직업은 **농부**이다.

fashion [fǽʃən]

명 유행, 패션

ex Short skirts are the **fashion** now.
요즘은 짧은 치마가 **유행**이에요.

fulfill [fulfíl]

동 이행하다, 달성하다

ex He **fulfilled** his duties.
그는 자신의 의무를 완수했다.

gate [geit]

명 문, 출입문

ex She opened the **gate** and came in.
그녀가 **문**을 열고 들어왔다.

goods [gudz]

명 물건(단수로 쓰지 않고 항상 복수로 씀)

ex Here there are many **goods**.
이곳에는 **물품**이 많이 있다.

harvest [háːrvist]

명 수확, 추수 동 수확하다

ex Autumn is the season of **harvest**.
가을은 **수확**의 계절이다.

hero [híərou]

명 영웅

ex Hercules is a **hero**.
헤라클레스는 **영웅**이다.

hire [haiər]

동 고용하다

ex He **hired** an employee.
그가 직원을 **고용했다**.

hospital [háspitl]

명 병원

ex He entered a **hospital**.
그는 **병원**에 입원했다.

hotel [houtél]

명 호텔

ex The **hotel** is wide and big.
이 **호텔**은 넓고 크다.

importance [impɔ́ːrtəns]

명 중요성

ex This plan has **importance** for us.
이 계획은 우리에게 정말 **중요해**.

information [ìnfərméiʃən] ☐☐☐

명 정보

ex They exchange **information**.
그들은 **정보**를 교환한다.

introduce [ìntrədjúːs] ☐☐☐

동 소개하다

ex I'd like to **introduce** you to my friend.
당신을 제 친구에게 **소개해** 주고 싶어요

jail [dʒeil] ☐☐☐

명 감옥, 교도소

ex She was sent to **jail**.
그녀는 **감옥**으로 보내졌다.

job [dʒab] ☐☐☐

명 일, 직업

ex Her **job** is a model.
그녀의 **직업**은 모델이다.

judge [dʒʌdʒ] ☐☐☐

명 판사　**동** 재판하다, 판단하다

ex The **judge** decided the case.
판사는 그 사건을 판결했다.

knock [nak]

동 치다, 두드리다

ex He **knocked** the door urgently.
그는 급하게 문을 **두드렸다.**

lawyer [lɔ́:jər]

명 변호사

ex The **lawyer** knows the law well.
변호사는 법을 잘 알고 있다.

lead [li:d]

동 이끌다, 인도하다

ex He **leads** us.
그는 우리를 **이끈다.**

line [lain]

명 선, 줄

ex My **line** is wave-shaped.
내가 그린 **선**은 물결 모양이에요.

lobby [lábi]

명 로비(현관의 홀)

ex We met in the hotel **lobby**.
우리는 호텔 **로비**에서 만났어.

locker [lákər] ☐☐☐

명 로커, (자물쇠가 달린) 개인 물품 보관함

ex Keep you valuables in the **locker**.
소지품은 **로커**에 보관하세요.

modern [mádərn] ☐☐☐

형 현대의, 근대의

ex It is very **modern** and convenient.
그것은 아주 **현대적**이고 편리합니다.

money [mʌni] ☐☐☐

명 돈

ex I got **money** from my mother today.
오늘 엄마에게 **돈**을 받았어.

movie [múːvi] ☐☐☐

명 영화

ex The **movie** was very frightening.
그 **영화** 정말 무서웠어.

musician [mjuːzíʃən] ☐☐☐

명 음악가

ex Beethoven is a famous **musician**.
베토벤은 유명한 **음악가**이다.

nurse [nəːrs]

명 간호사

ex I am afraid of the **nurse**.
나는 **간호사**가 무서워요.

offer [ɔ́ːfər]

명 제안, 제의　동 제안하다, 권하다

ex Consider my **offer**.
내 **제안**을 한번 생각해 보렴.

operate [ɑ́pərèit]

동 작동[가동]되다, 수술하다

ex I can **operate** the machine.
전 그 기계를 **작동**시킬 수 있어요.

outside [áutsáid]

명 외부, 바깥쪽　부 밖에, 밖으로

ex Now it is raining **outside**.
지금 **밖**에는 비가 와요.

package [pǽkidʒ]

명 꾸러미, 짐

ex We must make a **package** quickly.
우리는 빨리 **짐**을 싸야해.

passenger [pǽsəndʒər] ☐☐☐

명 승객

ex The **passangers** are going aboard.
승객들이 배에 타고 있다.

passport [pǽspɔːrt] ☐☐☐

명 여권

ex Do you have a **passport**?
여권 있습니까?

password [pǽsw3ːrd] ☐☐☐

명 비밀번호, 암호

ex Input the **password**.
암호를 입력하세요.

pay [pei] ☐☐☐

명 임금, 급료 **동** 지불하다

ex It is difficult to live with this **pay**.
이 **급료**로 생활하는 것은 힘들어요.

pharmacist [fáːrməsist] ☐☐☐

명 약사

ex **Pharmacist** dispenses medicine.
약사는 약을 조제한다.

photo [fóutou]

명 사진

ex **Photos** pass on memories.
사진은 추억을 남긴다.

pilot [páilət]

명 (비행기) 조종사

ex The **pilot** controls the airplane.
그 **조종사**는 비행기를 조종하고 있다.

police [pəlíːs]

명 경찰

ex The **police** found a clue.
그 **경찰**은 단서를 발견했다.

post [poust]

명 우편, 기둥　동 붙이다, 우송하다

ex Send this by **post**.
이것을 **우편**으로 보내주세요

price [prais]

명 가격, 값

ex The **price** is very cheap.
가격이 아주 저렴합니다.

produce [prədjúːs]

동 생산하다, 제조하다

ex We **produce** this products.
우리는 이 제품들을 **생산합니다**.

result [rizʌlt]

명 결과 동 (~의 결과로) 되다

ex The **result** was a pass.
결과는 합격이었다.

road [roud]

명 길, 도로

ex The **road** is uphill all the way.
그 **길**은 내내 오르막이다.

rule [ruːl]

명 규칙, 습관 동 다스리다, 지배하다

ex This **rule** applies to all.
이 **규칙**은 모두에게 적용됩니다.

safe [seif]

명 금고 형 안전한, 무사한

ex His **safe** is secure.
그의 **금고**는 안전하다.

salesperson [séilzpə̀ːrsn] ☐☐☐

명 판매원

ex The **salesperson** is speaking .
그 **판매원**은 말하고 있다.

schedule [skédʒuːl] ☐☐☐

명 예정(표), 시간표, 스케줄

ex What is tomorrow's **schedule**?
내일 **스케줄**이 어떻게 되지?

scientist [sáiəntist] ☐☐☐

명 과학자

ex The **scientist** is doing a new experiment.
그 **과학자**는 새로운 실험을 하고 있다.

screen [skriːn] ☐☐☐

명 (텔레비전이나 컴퓨터 등의) 화면, 칸막이　**동** 가리다

ex The **screen** in this cinema is indeed big.
이 영화관의 **화면**은 정말 크다.

sell [sel] ☐☐☐

동 팔다, 팔리다

ex I managed to **sell** my car.
나는 간신히 차를 **팔았어**.

service [sə́ːrvis]

명 봉사, 노고, 서비스

ex The **service** in this restaurant is good.
이 식당은 **서비스**가 좋다.

shop [ʃap]

명 상점, 가게

ex The man comes out of the **shop**.
남자가 그 **가게**에서 나온다.

shut [ʃʌt]

동 닫다, 다물다

ex He slammed the door **shut**.
그는 문을 쾅하고 **닫았다**.

smoke [smouk]

명 연기 동 연기를 내다, 담배를 피우다

ex **Smoke** comes out from there.
저 곳에서 **연기**가 난다.

smoking [smóukiŋ]

명 흡연

ex **Smoking** is bad for your health.
흡연은 건강에 나빠요.

sorry [sári]　

형 유감스러운, 미안하게 생각하는

ex I am very **sorry**.
정말 **죄송해요**.

stamp [stæmp]　

명 우표, 도장　동 찍다

ex She **stamped** it here.
그녀는 여기에 **도장**을 찍었다.

store [stɔːr]　

명 가게, 상점, 저장　동 저장하다

ex My mother chose these in the **store**.
엄마는 **가게**에서 이것들을 고르신다.

street [striːt]　

명 거리

ex People are walking on the **street**.
사람들이 **거리**를 걷고 있다.

strike [straik]

동 치다, 때리다

ex He **struck** me.
그 애가 날 **때렸어요**.

subway [sʌbwèi]

명 지하철

ex She went quickly to the **subway** station.
그녀는 급히 **지하철**역으로 갔다.

telephone [téləfòun] □□□

명 전화

ex My father is receiving the **telephone**.
아빠는 **전화**를 받고 계셔.

temple [témpl]

명 절, 사원

ex There is a **temple**.
저기에 **절**이 있어요.

theater [θíːətər]

명 극장

ex Where is a good seat in the **theater**?
영화관에서 좋은 좌석은 어디일까요?

thief [θiːf]

명 도둑

ex The **thief** ran away quickly.
도둑은 황급히 도망쳤다.

ticket [tíkit]

명 표, 입장권

ex I bought a **ticket** for the cinema.
영화 보려고 **표**를 샀어요.

topic [tɑ́pik]

명 화제, 논제

ex What is today's **topic**?
오늘의 **화제**는 무엇인가요?

traffic light [trǽfiklait]

동 신호등

ex The **traffic light** is not working.
신호등이 고장 났다.

treat [triːt]

동 치료하다, 다루다, 대우하다

ex He **treats** him too harshly.
그는 그를 함부로 **다룬다**.

truck [trʌk]

명 트럭

ex Load those things in the **truck**.
그것들을 **트럭**에 실어라.

172

◎ 그림으로 읽기   ◎ 문장으로 끝내기

visit [vízit]

명 방문 동 방문하다

ex I was pleased to **visit** her.
나는 기꺼이 그녀를 **찾아갔다**.

vote [vout]

명 투표 동 투표하다

ex **Voting** is your civic duty as a citizen.
투표하는 것은 시민의 의무다.

writer [ráitər]

명 작가, 저자

ex The **writer** wrote a novel.
그 **작가**는 소설을 썼다.

zone [zoun]

명 지역, 지대, 구역

ex This is an earthquake **zone**.
이곳은 지진 **지대**에 속해 있다.

zoo [zu:]

명 동물원

ex I went to the **zoo** yesterday.
나는 어제 **동물원**에 갔어요.

○ 문장 속 괄호에 알맞은 단어를 연결해요.

cost **①**   **ⓐ** Autumn is the season of (   ).

drive **②**   **ⓑ** His (   ) is secure.

harvest **③**   **ⓒ** The original (   ) is very expensive.

operate **④**   **ⓓ** I (   ) a car every day.

safe **⑤**   **ⓔ** I can (   ) the machine.

정답 **①** – ⓒ, **②** – ⓓ, **③** – ⓐ, **④** – ⓔ, **⑤** – ⓑ

○ 빈칸에 들어갈 단어의 스펠링을 올바르게 나열해요.

① Give me another [   ] .

한 번만 더 기회를 주세요. (canhce)

② He is a [   ] physicist.

그는 유명한 물리학자이다. (amfuos)

③ The [   ] is very cheap.

가격이 아주 저렴합니다. (ripec)

④ The [   ] in this restaurant is good.

이 식당은 서비스가 좋다. (ersivce)

정답 **①** chance **②** famous **③** price **④** service

174

다음의 단어들을 쓰면서 뜻을 기억해요.

1. theater 극장 theater
2. bakery 빵집 bakery
3. passport 여권 passport
4. contain 담다 contain
5. modern 현대의 modern
6. exchange 교환하다 exchange
7. factory 공장 factory
8. hospital 병원 hospital

혓바닥 e 혓바닥 없는 c  머리묶은 a 동글이 o

Part

07

World news &
Sports

수업이 쉬워지는
뉴스와 스포츠 어휘

○ 그림으로 읽기　　　　　○ 문장으로 끝내기

한 번 읽을 때마다
체크해 봐요!

accident [ǽksidənt]

명 사고, 우연한 일

ex That is a **accident**.
그것은 **사고**였다.

badminton [bǽdmintn] ☐☐☐

명 배드민턴

ex He plays **badminton** with his friend.
그는 친구와 함께 **배드민턴**을 친다.

baseball [béisbɔ̀ːl] ☐☐☐

명 야구

ex Japanese like **baseball**.
일본 사람들은 **야구**를 좋아한다.

basketbal

basketball [bǽskitbɔ̀ːl] ☐☐☐

명 농구

ex **Basketball** players are very tall.
농구 선수는 키가 매우 크다.

bowling [bóuliŋ]

명 볼링

ex He is a **bowling** player.
그는 **볼링** 선수이다.

capital [kǽpətl]

명 수도, 자본 형 주요한

ex The **capital** of Greece is Athens.
그리스의 **수도**는 아테네이다.

center [séntər]

명 중심, 중앙, 중심지

ex The **center** of Seoul is Chong-no.
서울의 **중심**은 종로이다.

city [síti]

명 도시

ex This **city** is very beautiful.
이 **도시**는 매우 아름답다.

coach [koutʃ]

명 (경기의) 감독, (대형의 탈것) 버스

ex The **coach** called the whole team.
감독은 팀 전체를 불러 모았다.

contest [kántest]

명 경쟁, 대회

ex He took part in a singing **contest**.
그는 노래자랑 **대회**에 나갔다.

corner [kɔ́ːrnər]

명 구석, 모퉁이

ex Turn left at the next **corner**.
다음 **모퉁이**에서 왼쪽으로 돌아요.

country [kʌ́ntri]

명 나라, 국가, 시골

ex The **country**'s capital is Washington.
그 **나라**의 수도는 워싱턴이다.

crowd [kraud]

명 군중

ex The **crowd** is excited.
군중은 열광했다.

culture [kʌ́ltʃər]

명 문화

ex The country's **culture** is there.
그 나라의 **문화**가 있다.

discover [diskʌvər] ☐☐☐

동 발견하다, 알다

ex They **discovered** fossils.
그들은 화석을 **발견했다.**

downtown [dauntaun] ☐☐☐

명 도심지 　부 도심지에, 시내에

ex It is crowded **downtown**.
도심지에는 사람들이 붐빈다.

east [iːst] ☐☐☐

명 동쪽 　파 eastern 동쪽의

ex Go **East**!
동쪽으로 가세요!

familiar [fəmíljər] ☐☐☐

형 익숙한, 낯익은, 친한

ex He is **familiar** to me.
그는 나와 **친해.**

final [fáinl] ☐☐☐

형 마지막의, 최종의

ex This match is the **final**.
이번 경기는 **결승전**이다.

folk [fouk]

명 (집합적) 사람들   **형** 민간의, 민속의

ex It's a traditional Korean **folk**song.
그건 한국 전통 **민요**예요.

football [futbɔ:l]

명 축구

ex **Football** makes people excited.
축구 경기는 사람들을 흥분시킨다.

golf [galf]

명 골프

ex How often do you play **golf**?
얼마나 자주 **골프**를 치세요?

kick [kik]

동 차다, 걷어차다

ex **Kick** this ball as hard as you can.
가능한 세게 공을 **차라**.

left [left]

명 왼쪽   **형** 왼쪽의, 좌측의

팁 leave의 과거

ex She looked back to the **left**.
그녀는 **왼쪽**으로 돌아보았다.

location [loukéiʃən]

명 위치, 장소　파 locate 위치하다

ex I can't remember the exact **location**.
정확한 **위치**는 기억나지 않아요.

marry [mǽri]

동 결혼하다

ex Will you **marry** me?
나하고 **결혼**해 줄래?

match [mætʃ]

명 경기, 성냥, 경쟁 상대, 조화
동 조화하다, 어울리다

ex The **match** is very exciting.
그 **경기**는 정말로 흥미진진해.

north [nɔːrθ]

형 북쪽, 북쪽의

ex The polar bear lives in the **north** pole.
북극에는 북극곰이 산다.

ping pong [píŋpáŋ]

명 탁구, 핑퐁

ex The girl is playing **ping pong**.
그 소녀가 **탁구**를 치고 있다.

power [páuər]

명 힘, 권력

ex He has strength and **power**.
그는 힘과 **권력**을 가지고 있다.

rapidly [rǽpidli]

부 빨리, 급속히, 신속히

ex China developed **rapidly**.
중국은 **급속하게** 성장했다.

right [rait]

명 권리, 오른쪽 형 옳은, 바른, 오른쪽의

ex Move it to the **right**.
오른쪽으로 이동하세요.

score [skɔːr]

명 득점, 점수, 성적

ex The **score** is 7 to 2
현재 **점수**는 7대 2다.

south [sauθ]

명 남쪽 형 남쪽의

ex We must go **south**.
우리는 **남쪽**으로 가야 해.

south pole [sauθ poul]

명 (지구의) 남극

ex Penguins live at the **south pole**.
남극에는 펭귄이 산다.

space [speis]

명 우주, 공간, 장소

ex He left on a journey to **space**.
그는 우주로 여행을 떠났다.

sport [spɔːrt]

명 농담, 스포츠, 운동

ex What's the name of this **sport**?
이 운동의 이름은 무엇인가요?

state [steit]

명 국가, 주

ex There are many **states** in the U.S.
미국에는 많은 **주**들이 있다.

team [tiːm]

명 조, 팀

ex Our **team** is powerful.
우리 **팀**은 막강해.

tennis [ténis]

명 테니스

ex I play **tennis** twice a week.
나는 일주일에 두 번 **테니스**를 쳐.

tower [táuər]

명 탑

ex This is the **Tower** of Pisa.
이것은 피사의 **탑**이야.

town [taun]

명 읍, 면

ex He lives in this **town**.
그는 이 **읍**에서 살아.

universe [júːnəvə̀ːrs]

명 우주, 전 세계

ex What is the **universe**?
우주란 무얼까?

village [vílidʒ]

명 마을

파 villager 마을 사람

ex This **village** is peaceful.
이 **마을**은 평화롭네요.

186

volleyball [válibɔ̀ːl]

명 발리볼, 배구

ex I played **volleyball** with my friends.
친구랑 **배구**를 했어요.

war [wɔːr]

명 전쟁

ex That country lost the **war**.
그 나라는 **전쟁**에 패했다.

west [west]

명 서쪽 **형** 서쪽의

ex The sun sets in the **west**.
해는 **서쪽**으로 진다.

win [win]

동 이기다

ex He **won**.
그가 **이겼어**.

world [wəːrld]

명 세계, 세상

ex The **world** is indeed wide.
세계는 정말 넓구나.

7장 수업이 쉬워지는 뉴스와 스포츠 어휘

문장 속 괄호에 알맞은 단어를 연결해요.

capital ❶   ⓐ Turn left at the next (   ).

corner ❷   ⓑ The (   ) of Greece is Athens.

match ❸   ⓒ He has strength and (   ).

power ❹   ⓓ He left on a journey to ( ).

space ❺   ⓔ This (   ) is the final.

정답 ❶ - ⓑ, ❷ - ⓐ, ❸ - ⓔ, ❹ - ⓒ, ❺ - ⓓ

빈칸에 들어갈 단어의 스펠링을 올바르게 나열해요.

❶ The [   ] is excited.

군중은 열광했다. (rocdw)

❷ The country's [   ] is there.

그곳에는 그 나라의 문화가 있다. (clutreu)

❸ This match is the [   ].

이번 경기는 결승전이다. (nifal)

❹ I can't remember the exact [   ].

정확한 위치는 기억나지 않아요. (loaciton)

❺ The [   ] is indeed wide.

세계는 정말 넓다. (orwdl)

정답 ❶ crowd ❷ culture ❸ final ❹ location ❺ world

1 **accident** 사고

accident

2 **baseball** 야구

baseball

3 **south** 남쪽

south

4 **center** 중심

center

5 **village** 마을

village

6 **right** 권리

right

7 **contest** 대회

contest

8 **left** 왼쪽의

left

G E B

I C

혓바닥 e   혓바닥 없는 c   머리묶은 a   동글이 o

F

D

H A

성적을 올리는
신체와 건강 어휘

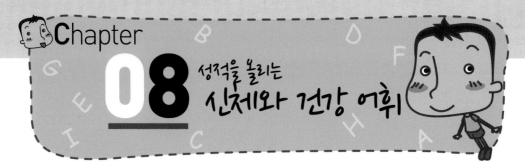

Chapter

08 성적을 올리는
신체와 건강 어휘

○ 그림으로 읽기	○ 문장으로 끝내기	한 번 읽을 때마다 체크해 봐요!

bend [bend] ☑☐☐

동 구부리다, (마음이나 노력을) 기울이다

ex **Bend** your waist.
허리를 **구부려** 보세요.

blood [blʌd] ☐☐☐

명 피, 혈액

ex **Blood** comes from the finger.
손가락에서 **피**가 난다.

brain [brein] ☐☐☐

명 뇌, 두뇌

ex Einstein's **brain** was outstanding.
아인슈타인은 **두뇌**가 뛰어났다.

breath [breθ] ☐☐☐

명 숨, 호흡

ex She took a deep **breath**.
그녀는 **숨**을 크게 쉬었다.

192

broken [bróukən]

형 깨진, 부서진, 부러진

팁 break의 과거분사형

ex My leg is **broken**.
내 다리가 **부러졌어**.

care [kɛər]

명 걱정, 주의, 관심 **동** 걱정하다, 돌보다

ex I don't **care** about that.
나는 그 일에 **신경** 안 써.

cold [kould]

명 감기, 추위 **형** 추운, (성격이) 냉담한

ex Today's weather is very **cold**.
오늘 날씨는 매우 **춥구나**.

condition [kəndíʃən]

명 상태, 조건, 건강 상태, 컨디션

ex His **condition** is not good.
그는 **상태**가 안 좋아요.

cough [kɔːf]

명 기침 **동** 기침하다

ex He **coughed** several times.
그는 몇 번 **기침을 했다**.

diet [dáiət]

명 식이요법, 다이어트

ex I must **diet**.
난 **다이어트**를 해야만 해.

disease [dizíːz]

명 병, 질병

ex This **disease** is very dangerous.
이 **질병**은 매우 위험하다.

drugstore [drʌgstɔ̀ːr]

명 약국

ex I bought medicine in the **drugstore**.
약국에서 약 샀어.

ear [iər]

명 귀

ex I have big **ears**.
나는 **귀**가 커요.

energy [énərdʒi]

명 에너지, 힘

ex He need this **energy**.
그에게는 이 **에너지**가 필요해.

fever [fíːvər]

명 열, 더위 **동** 가열하다

ex I have a slight **fever** today.
오늘 제가 **열**이 좀 있어요.

grow [grou]

동 자라다, 성장하다, 재배하다

ex You have **grown** a lot.
너는 많이 **자랐구나**.

hardly [háːrdli]

부 거의 ~않다

ex I **hardly** slept last night.
나 어젯밤에 잠을 **거의 못 잤어**.

headache [hedeɪk]

명 두통

ex She is suffering from a **headache**.
그녀는 **두통**으로 괴로워해.

health [helθ]

명 건강

ex I take exercise for my **health**.
난 **건강**을 위해서 운동해.

heart [haːrt]

명 심장, 마음

ex I have a **heart** diseases.
나는 **심장**병을 앓고 있어.

heat [hiːt]

명 열, 더위　통 가열하다

ex The fire gave out a fierce **heat**.
난로에서 맹렬한 **열기**가 뿜어져 나왔다.

hurt [həːrt]

통 아프다, 상처나다, 다치게 하다

ex My feet **hurt**.
난 발이 **아파**.

ill [il]

형 병든, 앓는

ex He is seriously **ill**.
그는 많이 **아프다**.

injury [índʒəri]

명 상처, 부상

ex He has a leg **injury**.
그는 다리에 **부상**을 입었다.

196

muscle [mʌsl]

명 근육

ex He does **muscle** exercises.
그는 **근육** 운동을 한다.

noise [nɔiz]

명 소리, 소음

파 noisy 시끄러운

ex I don't like the **noise** of the street.
나는 거리의 **소음**을 좋아하지 않아.

pain [pein]

명 아픔, 고통, 통증

ex It's a really sharp **pain**.
통증이 아주 심하다.

patient [péiʃənt]

명 환자　**형** 인내심이 있는, 잘 견디는

ex The **patient** suffered a lot.
그 **환자**는 고통스러워했다.

pharmacy [fɑ́rməsi]

명 약국

ex Get it in a nearby **pharmacy**.
가까운 **약국**에서 구입하십시오.

recover [rikʌvər]

동 회복하다, 낫다

ex He's **recovering** from his operation.
그는 수술받은 후 **회복** 중이다.

reduce [ridjúːs]

동 줄이다, 낮추다

ex She must **reduce** her weight.
그녀는 몸무게를 **줄여야** 한다.

regular [régjulər]

형 규칙적인, 정기적인

ex You must get a **regular** eye test.
정기적인 시력 검사를 받으셔야 합니다.

run [rʌn]

동 달리다, 뛰다

ex He **runs** really fast.
그는 정말 빨리 **달린다.**

scratch [skrætʃ]

명 자국, 상처 동 긁다, 할퀴다

ex He **scratched** his chin.
그는 턱을 **긁었다.**

shout [ʃaut]

📦 외치다, 소리치다

ex He **shouted** at his dog.
그는 개에게 **외쳤다.**

sick [sik]

📦 병든, 아픈, 싫증난

ex The old man is **sick**.
그 노인은 **아프다.**

sore [sɔːr]

📦 상처, 종기　📦 아픈, 쑤시는

ex I have a really **sore** throat.
목이 정말 **아파.**

sound [saund]

📦 소리　📦 건전한, 정상적인　📦 소리가 나다, 들리다

ex The **sound** of his snoring is really loud.
그의 코고는 **소리는** 너무 크다.

stomach [stʌmək]

📦 위통, 복통, 배탈

ex I have a **stomach** pain.
나 **배탈** 났어.

surgery [sɔ́ːrdʒəri]

명 수술

ex The doctor is performing **surgery**.
그 의사는 **수술** 중이다.

sweat [swet]

명 땀　동 땀을 흘리다

ex I am **sweating** all over.
온 몸에서 **땀이** 난다.

throat [θrout]

명 목구멍

ex His **throat** was visible.
그의 **목구멍**이 보였어.

weak [wiːk]

형 약한

ex He tormented the **weak**.
그는 **약한** 사람을 괴롭혔다.

well [wel]

명 우물　형 건강한　부 잘, 좋게, 완전히

ex I really ate **well**.
정말 **잘** 먹었다.

문장 속 괄호에 알맞은 단어를 연결해요.

blood ❶

breath ❷

disease ❸

health ❹

patient ❺

well ❻

ⓐ ( ) comes from the finger.

ⓑ This ( ) is very dangerous.

ⓒ She took a deep ( ).

ⓓ The ( ) suffered a lot.

ⓔ I take exercise for my ( ).

ⓕ I really ate ( ).

정답 ❶ - ⓐ, ❷ - ⓒ, ❸ - ⓑ, ❹ - ⓔ, ❺ - ⓓ, ❻ - ⓕ

빈칸에 들어갈 단어의 스펠링을 올바르게 나열해요.

❶ He has a leg _____ .

그는 다리에 부상을 입었다. (nijruy)

❷ I don't like the _____ of the street.

나는 거리의 소음을 좋아하지 않아. (iones)

❸ She must _____ her weight.

그녀는 몸무게를 줄여야 한다. (erudec)

❹ I have a really sore _____ .

목이 정말 아파. (htorat)

❺ She is suffering from a _____ .

그녀는 두통으로 괴로워하고 있다. (eadhcahe)

정답 ❶ injury ❷ noise ❸ reduce ❹ throat ❺ headache

○ 다음의 단어들을 쓰면서 뜻을 기억해요.

1. bend 구부리다 bend
2. muscle 근육 muscle
3. recover 회복하다 recover
4. condition 상태 condition
5. hurt 아프다 hurt
6. diet 식이요법 diet
7. weak 약한 weak
8. energy 에너지 energy

9 grow   자라다   grow

10 heart   심장   heart

11 brain   뇌   brain

12 drugstore 약국   drugstore

13 cough   기침   cough

14 regular   규칙적인   regular

15 shout   외치다   shout

16 stomach   위   stomach

혓바닥 e   혓바닥 없는 c   머리묶은 a   동글이 o

Part

09

Outdoor Ativities

시험 만점 공략
야외활동 어휘

○ 그림으로 읽기	○ 문장으로 끝내기	

한 번 읽을 때마다
체크해 봐요!

abroad [əbrɔ́ːd] ☑ ☐ ☐

부 해외로, 외국으로

ex He went **abroad**.
그는 **해외로** 나갔어.

beach [biːʧ] ☐ ☐ ☐

명 해변, 바닷가

ex He was standing on the **beach**.
그는 **해변**에 서 있었다.

bike [baik] ☐ ☐ ☐

명 자전거

ex This **bike** is in need of repair.
이 **자전거**는 수리해야 해요.

boat [bout] ☐ ☐ ☐

명 보트, 작은 배

ex The **boat** races on the water.
보트가 물 위를 달린다.

206

bridge [brid3]

명 다리

ex I must cross the **bridge**.
다리를 건너야 해.

bus [bʌs]

명 버스

ex Here is the **bus** station.
여기가 **버스** 정류장이다.

camp [kæmp]

명 야영 **동** 야영하다

ex We went **camping** together.
우리는 함께 **야영**을 갔다.

car [kaːr]

명 차, 자동차

ex This is our **car**.
이것은 우리 집 **승용차**이다.

celebrate [séləbrèit]

동 축하하다, 기념하다

ex He **celebrated** his wife's birthday.
그는 아내의 생일을 **축하했다**.

cheap [tʃiːp]

형 값 싼   부 싸게

ex They are all **cheap**.
그것들은 모두 **싸다**.

chilly [tʃíli]

형 쌀쌀한, 차가운

ex Today's weather is **chilly**.
오늘은 날씨가 좀 **쌀쌀하네요**.

climb [klaim]

동 오르다, 기어오르다

ex The hill is hard to **climb**.
그 언덕은 **오르기** 힘들다.

cloud [klaud]

명 구름   파 cloudy 구름 낀

ex There is a big **cloud** in the sky.
하늘에 큰 **구름**이 있다.

congratulation
[kəngrætʃuléiʃən]

명 (보통 복수형으로) 축하

ex **Congratulations** on your graduation.
졸업을 **축하해**.

cool [ku:l]

형 서늘한, 냉정한, 멋진

ex A **cool** breeze blows.
서늘한 바람이 불어온다.

daily [déili]

형 매일의, 일상의 부 매일

ex I look at the calendar **daily**.
난 **매일** 달력을 봐.

danger [déindʒər]

명 위험

파 dangerous 위험한

ex She is in **danger**.
그녀는 **위험**에 처해있다.

date [deit]

명 날짜, 데이트

ex The **date** of the journey approaches.
여행 **날짜**가 다가온다.

day [dei]

명 날, 낮, 하루

ex A **day** passes quickly.
하루가 빨리 가.

different [dífərənt]

명 차이점, 다른 점

ex She has two **different** cakes.
그녀는 **다른** 케이크 두 개를 가지고 있다.

evening [íːvniŋ]

명 저녁

ex Have a good **evening**!
즐거운 **저녁** 되세요!

fair [fɛər]

형 공평한, 공정한　**부** 공평하게

ex Be **fair** when you divide.
공평하게 나누어 주세요.

favorite [féivərit]

형 마음에 드는, 특히 좋아하는

ex This food is my **favorite**.
나는 이 음식을 제일 **좋아해요**.

festival [féstəvəl]

명 축제, 향연

ex The fire **festival** is very splendid.
불꽃 **축제**는 아주 화려하다.

210

flight [flait]

명 비행, 항공편, 탈출

ex The **flight** is in the air.
하늘에는 **비행기**가 날고 있다.

float [flout]

동 뜨다, 떠다니다

ex The boat is **floating**.
배가 **표류 중이다**.

fog [fɔːg]

명 안개

ex The **fog** is heavy today.
오늘은 **안개**가 짙다.

foreigner [fɔ́ːrənər]

명 외국인

파 foreign 외국의

ex A **foreigner** asked me the way.
외국인이 나한테 길을 물어봤어.

game [geim]

명 놀이, 게임, 경기

ex This **game** is fun.
이 **놀이** 참 재밌어.

high [hai]

명 높은 것(곳), 높이　형 높은

ex That mountain is very **high**.
저 산은 아주 **높다**.

hit [hit]

명 타격, 적중　동 치다, 때리다, 타격을 주다

ex He **hit** the ball.
그는 공을 **쳤다**.

holiday [hɑ́ləidèi]

명 휴일, 공휴일, 휴가

ex On a **holiday** I want to rest.
휴일엔 푹 쉬고 싶어요.

host [houst]

명 주인　동 접대하다

ex She is the **host** tonight.
그녀는 오늘밤 파티의 **주최자**이다.

hot [hat]

형 뜨거운, 더운, 매운

ex I want to drink a cup of **hot** tea.
뜨거운 차 한 잔 마시고 싶어요.

map [mæp]

명 지도

ex Let me show you a **map**.
지도를 보여 줄게.

miss [mis]

동 그리워하다, 놓치다

ex He **missed** the ball.
그는 공을 놓쳤다.

muggy [mʌgi]

형 무더운, 몹시 더운, 후덥지근한

ex It is a **muggy** day.
후덥지근한 날이야.

moment [móumənt]

명 순간, 찰나

ex At that **moment** the siren went off.
그 순간 사이렌이 울렸다.

morning [mɔ́ːrniŋ]

명 아침

ex Hi, good **morning**.
안녕, 좋은 **아침**이야.

nature [néitʃər]

명 자연

ex **Nature** is indeed beautiful.
자연은 정말 아름다워.

night [nait]

명 밤

ex There is a moon in the **night** sky.
밤하늘에 달이 떠 있다.

ocean [óuʃən]

명 대양, 넓은 바다

ex The Atlantic **ocean** is near here.
이곳에서 대서양은 가까워.

pair [pɛər]

명 한 쌍[켤레, 벌]

ex Angels have a **pair** of wings.
천사는 한 쌍의 날개를 가지고 있다.

park [paːrk]

명 공원   동 주차하다

ex She walked in the **park**.
그녀는 공원을 거닐었다.

picnic [píknik]

명 소풍

ex Today is **picnic** day.
오늘은 **소풍**가는 날이다.

plane [plein]

명 비행기

ex The passengers are boarding the **plane**.
승객들이 **비행기**에 오르고 있다.

pond [pand]

명 연못

ex There are many fish in the **pond**.
연못 속에 물고기가 많다.

pool [pu:l]

명 수영장, 물웅덩이

ex I fell into the **pool**.
나는 **웅덩이**에 빠졌어요.

reach [ri:tʃ]

동 도착하다

ex At last they **reached** there.
그들은 마침내 **도착했다**.

ship [ʃip]

명 배

ex The **ship** has already departed.
배는 이미 출항했다.

shopping [ʃápiŋ]

명 쇼핑, 물건사기

ex She likes **shopping** too much.
그녀는 **쇼핑**을 너무 좋아해.

skating [skéitiŋ]

명 스케이트

ex She likes **skating**.
그녀는 **스케이팅**을 좋아한다.

ski [ski:]

명 스키　동 스키를 타다

ex He is good at **skiing**.
그는 **스키**를 아주 잘 탄다.

snowman [snoʊmæn]

명 눈사람

ex I like making a **snowman**.
나는 **눈사람** 만드는 것을 좋아해요.

soccer [sάkər]

명 축구

ex He is an excellent **soccer** player.
그 사람은 뛰어난 **축구** 선수예요.

someday [sʌ́mdei]

부 언젠가, 훗날에

ex **Someday** you will be famous.
언젠가 너는 유명해질거야.

special [spéʃəl]

형 특별한, 특수한

ex Today's chef is a **special** cook.
오늘의 주방장 **특별** 요리입니다.

survive [sərváiv]

동 살아남다, ~보다 오래 살다

ex I alone **survived**.
나 혼자 **살아남았어**.

swimming [swímiŋ] ☐☐☐

명 수영

ex People are **swimming** in the sea.
사람들이 바다에서 **수영**하고 있네.

taxi [tǽksi]

명 택시

ex She waved to a **taxi**.
그녀는 **택시**를 향해 손을 들었다.

throw [θrou]

동 던지다

ex He **throws** the ring.
그는 링을 **던진다**.

toilet [tɔ́ilit]

명 변기, 화장실

ex I must go to the **toilet** immediately.
나 **화장실** 무지 급해.

train [trein]

명 기차, 열차　동 훈련하다

ex The **train** comes in.
기차가 들어옵니다.

train station [trein stéiʃən]

명 기차역

ex She bought the ticket in the **train station**.
그녀는 **기차역**에서 표를 샀다.

travel [trǽvəl]

명 여행　**동** 여행하다

ex It is fun to plan **travels**.
여행 계획을 짜는 것은 재미있다.

trip [trip]

명 (짧은) 여행

ex I will go on an overseas **trip**.
난 해외**여행**을 할 거야.

warm [wɔːrm]

형 따뜻한

ex A **warm** air filled that place.
따뜻한 기운이 그곳에 가득했다.

way [wei]

명 길, 방향

ex She lost the **way**.
그녀는 **길**을 잃었다.

weed [wiːd]

명 잡초

ex He is pulling the **weeds** in the field.
그는 뜰에 있는 **잡초**를 뽑고 있다.

weekend [wiːkend] ☐☐☐

명 주말

ex This **weekend** I just slept.
나 이번 **주말**에 잠만 잤어.

wrap [ræp] ☐☐☐

동 싸다, 포장하다

ex She **wrapped** the present.
그녀는 선물을 **포장했다**.

year [jiər] ☐☐☐

명 년, 해

ex I wish you a Happy New **Year**.
새**해** 복 많이 받으세요.

January [dʒǽnjuèri] ☐☐☐

명 1월

ex **January** is the first month.
1월은 첫째 달이다.

February [fébruèri] ☐☐☐

명 2월

ex **February** is the last month of winter.
2월은 겨울의 마지막 달이다.

March [maːrtʃ]

명 3월

ex The new semester begins in **March**.
새학기는 **3월**에 시작해.

April [éiprəl]

동 4월

ex In warm **April** flowers bloom.
따뜻한 **4월**에는 꽃이 핀다.

May [mei]

명 5월

ex In **May** there are many crabs.
5월에는 게가 많다.

June [dʒuːn]

명 6월

ex Even in **June** it is very hot.
6월인데도 너무 더워.

July [dʒuːlái]

명 7월

ex Our school has vacation in **July**.
우리 학교는 **7월**에 방학해.

August [ɔ́ːgəst] □ □ □

명 8월

ex In **August** I played at the seaside.
8월에 바닷가에서 놀았어.

September [septémbər] □ □ □

명 9월

ex Today is the first of **September**.
오늘은 9월 1일이야.

October [aktóubər] □ □ □

명 10월

ex In **October** where is it worth going?
10월에 가볼만한 여행지가 어딜까?

November [nouvémbər] □ □ □

명 11월

ex In **November** a cold wind blew.
11월이 되니 차가운 바람이 불었다.

December [disémbər] □ □ □

명 12월

ex Christmas is in **December**.
12월에는 크리스마스가 있다.

season [síːzn]

명 계절

ex There are four **seasons** in our country.
우리나라에는 4계절이 있어.

spring [spriŋ]

명 봄

ex Flowers bloom in **spring**.
봄에는 꽃이 핀다.

summer [sʌmər]

명 여름

ex This **summer** is very hot.
올 여름은 너무 더워.

autumn [ɔ́ːtəm]

명 가을

ex I love the sky in **autumn**.
난 가을 하늘이 정말 좋아요.

winter [wíntər]

명 겨울

ex This **winter** is very cold.
이번 겨울은 너무 추워.

○ 문장 속 괄호에 알맞은 단어를 연결해요.

bridge ❶   ⓐ There are many fish in the (   ).

foreigner ❷   ⓑ Today's chef is a (   ) cook.

pair ❸   ⓒ Angels have a (   ) of wings.

pond ❹   ⓓ I must cross the (   ).

special ❺   ⓔ A (   ) asked me the way.

정답 ❶ - ⓓ, ❷ - ⓔ, ❸ - ⓒ, ❹ - ⓐ, ❺ - ⓑ

○ 빈칸에 들어갈 단어의 스펠링을 올바르게 나열해요.

❶ This food is my [   ] .

나는 이 음식을 제일 좋아해요. (afvortei)

❷ On a [   ] I want to rest.

휴일엔 푹 쉬고 싶어요. (hloiady)

❸ There are four [   ] in our country.

우리나라에는 4계절이 있다. (saesnos)

❹ This [   ] is very hot.

올 여름은 정말 덥다. (smmuer)

❺ I love the sky in [   ] .

난 가을 하늘이 정말 좋아요. (uautmn)

정답 ❶ favorite ❷ holiday ❸ seasons ❹ summer ❺ autumn

다음의 단어들을 쓰면서 뜻을 기억해요.

1. abroad 해외로 abroad
2. festival 축제 festival
3. busy 바쁜 busy
4. cheap 값 싼 cheap
5. travel 여행하다 travel
6. danger 위험 danger
7. different 차이점 different
8. evening 저녁 evening

혓바닥 e   혓바닥 없는 c   머리묶은 a  동글이 o

Part

10

Nature & Science

생각을 표현하는
자연과 과학 어휘

Chapter 10 생각을 표현하는
자연과 과학 어휘

| o 그림으로 읽기 | o 문장으로 끝내기 | 한 번 읽을 때마다 체크해 봐요! |

air [ɛər]

명 공기, 공중

ex I breathed fresh **air**.
나는 신선한 **공기**를 마셨어.

animal [ǽnəməl]

명 동물

ex There are many kinds of **animals**.
많은 종류의 **동물들**이 있다.

ant [ænt]

명 개미

ex **Ants** always work very hard.
개미들은 항상 열심히 일한다.

bird [bəːrd]

명 새

ex **Birds** come here every day.
새들은 날마다 이곳에 온다.

blow [blou]

동 (바람이) 불다, 입김을 불다

ex It was **blowing** very hard.
바람이 몹시 **불고** 있었다.

branch [bræntʃ]

명 나뭇가지

ex He fell because of the **branch**.
그는 **나뭇가지** 때문에 넘어졌다.

bright [brait]

형 (날씨가) 화창한, 밝은, 빛나는

ex Look at the **bright** light.
밝은 햇빛을 보세요.

cat [kæt]

명 고양이

ex The **cat** jumps high.
고양이가 높이 뛴다.

coast [koust]

명 해안

ex I walked along the **coast**.
난 **해안**을 따라서 걸었어.

COW [kau]

명 암소, 젖소

ex How much is the **cow**?
암소 한 마리는 얼마인가요?

crocodile [krάkədàil] □□□

명 악어

ex The **crocodile** attacked him.
악어가 그를 공격했어.

dark [daːrk]

명 어둠, 암흑 **형** 어두운, 캄캄한

ex Tonight is **dark**.
오늘 밤은 어둡다.

deer [diər]

명 사슴

ex The **deer** pulls the sled.
사슴이 썰매를 끌고 있다.

desert [dézərt] □□□

명 사막

ex There is no water in the **desert**.
사막에는 물이 없다.

dog [dɔːg]

명 개

ex The **dog** wagged his tail.
그 개는 꼬리를 쳤다.

dolphin [dɑ́lfin]

명 돌고래

ex A **dolphin** leapt out of the water.
돌고래 한 마리가 물 밖으로 뛰어올랐다.

donkey [dɑ́ŋki]

명 당나귀

ex A **donkey** is smaller than a horse.
당나귀는 말보다 몸집이 작다.

drop [drap]

명 방울 동 떨어지다

ex He **dropped** below the waterfall.
그는 폭포 아래로 **떨어졌다**.

duck [dʌk]

명 오리

ex A **duck** is swimming.
오리 한 마리가 헤엄치고 있다.

earth [əːrθ]

명 지구

ex Superman circled the **earth** once.
슈퍼맨이 **지구**를 한 바퀴 돌았다.

earthquake [ɜːrθkweɪk] ☐☐☐

명 지진

ex **Earthquakes** are frightening.
지진은 무서워요.

electricity [ilektrísəti] ☐☐☐

명 전기

ex This machine works with **electricity**.
이 기계는 **전기**로 움직인다.

elephant [éləfənt] ☐☐☐

명 코끼리

ex Baby **elephants** already are heavy.
아기 **코끼리**도 이미 무겁다.

environment [inváiərənmənt] ☐☐☐

명 환경, 분위기

ex The **environment** tires me.
주변 **환경**이 저를 힘들게 해요.

experiment [ikspérəmənt] ☐☐☐

명 실험

ex This **experiment** can be dangerous.
이 **실험**은 위험할 수 있습니다.

explosion [iksplóuʒən] ☐☐☐

명 폭발

ex The bomb **explosion** was heard.
폭탄이 **폭발**하는 것이 들렸다.

field [fi:ld] ☐☐☐

명 들판

ex This **field** is wide.
이 **들판**은 넓다.

fire [faiər] ☐☐☐

명 불, 화재

ex There is a **fire** in that house.
그 집에 **불**이 났다.

flock [flak] ☐☐☐

명 짐승의 떼, 무리　**동** 떼지어 모이다

ex Little birds fly in a **flock**.
작은 새들이 **떼**를 지어 날아간다.

flood [flʌd]

명 홍수, 범람　동 범람시키다

ex He lost the house because of the **flood**.
홍수로 인해 그는 집을 잃었다.

flower [fláuər]

명 꽃

ex This **flower**'s smell is very good.
이 꽃은 향기가 아주 좋다.

forest [fɔ́:rist]

명 숲

ex He came into the **forest**.
그는 숲속으로 들어갔다.

fox [faks]

명 여우

ex The **fox** cried sadly.
여우는 슬프게 울었다.

freeze [fri:z]

동 얼다

ex The water **froze** solid.
물이 단단하게 얼었다.

frog [frɔːg]

명 개구리

ex A **frog** jumps.
개구리가 팔딱 뛴다.

future [fjúːtʃər]

명 미래　**형** 미래의

ex We may meet aliens in the **future**.
미래에는 외계인을 만날지도 모른다.

gas [gæs]

명 가스

ex I must turn off the **gas**.
가스 불은 반드시 꺼야 합니다.

grass [græs]

명 풀, 잔디

ex She walks on the **grass**.
그녀는 **잔디** 위를 걷고 있다.

hen [hen]

명 암탉

ex This **hen** lays many eggs.
이 **암탉**은 알을 많이 낳아요.

hole [houl]

명 구멍

ex A mouse ran into the **hole**.
쥐 한 마리가 **구멍**으로 달려 들어갔다.

horse [hɔːrs]

명 말

ex The **horse** tired.
그 **말**은 지쳤다.

humid [hjúːmid]

형 습한, 눅눅한, 후덥지근한

ex It is **humid**.
날이 **후덥지근**하네.

ice [ais]

명 얼음, 빙하

ex Here is cool **ice**.
시원한 **얼음**이 여기 있어요.

insect [ínsekt]

명 곤충

ex He researches **insects**.
그는 **곤충**을 연구한다.

236

invent [invént]

동 발명하다

파 invention 발명, 발명품

ex I **invent** new technologies.
저는 새로운 기술을 **발명합니다**.

island [áilənd]

명 섬

ex I went to a **island** by ship.
난 **섬**에 배를 타고 갔었어.

jungle [dʒʌŋgl]

명 정글

ex They live in the **jungle**.
그들은 **정글**에서 산다.

kangaroo [kæŋgərúː]

명 캥거루

ex In Australia I saw a **kangaroo**.
난 호주에서 **캥거루**를 봤어.

koala [kouálə]

명 코알라

ex There is a baby on the **koala**'s back.
코알라 등에 새끼가 있다.

lake [leik]

명 호수

ex A woman is sitting by the **lake**.
여자가 **호숫가**에 앉아 있다.

leaf [liːf]

명 나뭇잎

ex She is picking up a **leaf**.
그녀는 **나뭇잎** 하나를 줍고 있다.

light [lait]

명 빛, 등불　형 가벼운　동 불을 켜다

파 lighting 조명

ex A **light** brightens the street.
불빛이 거리를 비춘다.

lightning [láitniŋ]

명 번개, 번갯불

ex He was struck by **lightning**.
그는 **번개**를 맞았다.

lily [líli]

명 백합

ex I prefer a rose to a **lily**.
나는 **백합**보다 장미를 더 좋아해요.

238

lion [láiən]

명 사자

ex The **lion** was very hungry.
사자는 배가 고팠다.

matter [mǽtər]

명 문제, 사건, 일　동 중요하다

ex The **matter** can be solved.
그 문제는 해결될 수 있다.

monkey [mʌ́ŋki]

명 원숭이

ex The **monkey** is eating a banana.
원숭이가 바나나를 먹고 있다.

moon [muːn]

명 달, 달빛

ex The **moon** rose.
달이 떴다.

mountain [máuntən]

명 산

ex She is on top of a **mountain**.
그녀는 산 정상에 있다.

octopus [άktəpəs]

명 문어

ex **An octopus** has eight feet.
문어는 발이 8개다.

owl [aul]

명 올빼미

ex **Owls** hoot at night.
올빼미는 밤에 운다.

penguin [péŋgwin]

명 펭귄

ex **Penguins** live in the south pole.
펭귄은 남극에서 산다.

---

pig [pig]

명 돼지

ex **The pig** is laughing.
돼지가 웃고 있다.

pine [pain]

명 소나무

ex **This is a very old pine.**
이것은 아주 오래된 **소나무**이다.

pollute [pəlúːt]

동 오염시키다, 더럽히다

ex The air of city is **polluted**.
도시의 공기가 **오염되었다**.

puppy [pʌpi]

명 강아지

ex He is playing with a **puppy**.
그는 **강아지**와 놀고 있다.

rain [rein]

명 비 동 비가 내리다

ex The **rain** is pouring down.
비가 억수같이 내린다.

river [rívər]

명 강

ex He catches fish in the **river**.
그는 **강**에서 고기를 잡는다.

rock [rak]

명 바위

ex This **rock** is hard.
이 **바위**는 단단해.

rocket [rάkit]

명 로켓

ex The **rocket** was launched.
로켓이 발사되었다.

sand [sænd]

명 모래

ex The child is playing with **sand**.
그 아이는 **모래**를 가지고 놀고 있다.

sea [siː]

명 바다

ex Do mermaids really live in the deep **sea**?
깊은 **바다**에는 정말 인어가 살까?

seal [siːl]

명 물개

ex **Seals** are cute and smart.
물개들은 귀엽고 영리하다.

sheep [ʃiːp]

명 양

ex This is a small **sheep**.
이것은 작은 **양**이다.

shore [ʃɔːr]

명 해안

ex She went to relax at the **shore**.
그녀는 해안가로 놀러갔다.

sky [skai]

명 하늘

ex Look at the **sky**!
하늘을 보렴!

snake [sneik]

명 뱀

ex The **snake** stuck out its tongue.
뱀이 혀를 내밀었다.

snow [snou]

명 눈(雪) **동** 눈이 오다

ex Last night much **snow** came.
어젯밤에 눈이 많이 왔어.

speed [spiːd]

명 속도 **동** 급히 가다

ex He ran with **speed**.
그는 빠른 속도로 달렸다.

star [staːr]

명 별, 스타, 인기인

ex **Stars** are twinkling in the sky.
하늘에 **별**이 빛나고 있다.

stem [stem]

명 줄기

ex He is researching **stem** cells.
그는 **줄기**세포를 연구하고 있다.

stone [stoun]

명 돌

ex Don't throw the **stone**.
돌을 던지지 마라.

storm [stɔːrm]

명 폭풍

ex The **storm** continued for three days.
폭풍이 3일간 계속되었다.

sunshine [sʌnʃaɪn]

명 햇빛

ex The **sunshine** is wonderful.
햇볕이 무척 싱그러워요.

technology [teknάlədʒi] ☐☐☐

명 기술, 과학 기술

ex **Technology** continues to evolve.
기술은 계속 진화한다.

temperature [témpərətʃər] ☐☐☐

명 온도, 기온

ex The **temperature** is up 2 degrees today.
오늘은 **기온**이 2도 올라갔다.

tiger [táigər] ☐☐☐

명 호랑이

ex There may be a **tiger** here.
이곳에 **호랑이**가 있을지도 몰라.

top [tap] ☐☐☐

명 꼭대기, 정상

ex He is at the **top** of the mountain.
그는 산 **정상**에 있다.

tree [triː] ☐☐☐

명 나무

ex The fruit falls from the **tree**.
나무에서 과일이 떨어진다.

water [wɔ́:tər]

명 물

ex I need **water** now.
지금 **물**이 필요해.

waterfall [wɔ́:tərfɔ:l]

명 폭포

ex There is a wonderful **waterfall** there.
저곳에는 멋진 **폭포**가 있다.

weather [wéðər]

명 날씨, 기상

ex The **weather** is strange these days.
요즘 **날씨**가 이상하다.

wet [wet]

형 젖은, 비 내리는

ex Because of the rain I am **wet**.
비를 맞아 몸이 **젖었다**.

whale [hweil]

명 고래

ex **Whales** are mammals.
고래는 포유류다.

246

wide [waid]

형 넓은

ex His legs were **wide** apart.
　　그는 다리를 넓게 벌렸다.

wild [waild]

형 거친, 야생의

ex There is a **wild** bear there.
　　저기에 야생 곰이 있다.

wolf [wulf]

명 이리, 늑대

ex The pig is chased by the **wolf**.
　　돼지가 늑대에게 쫓기고 있다.

wonderful [wʌndərfəl]

명 훌륭한, 놀랄만한, 대단한

ex Tonight is really **wonderful**.
　　오늘은 정말 멋진 밤이군요.

worm [wəːrm]

명 (지렁이 같은) 벌레

ex The big **worm** is crawling.
　　큰 벌레 한 마리가 기어가고 있다.

문장 속 괄호에 알맞은 단어를 연결해요.

air ❶

flock ❷

hole ❸

light ❹

mountain ❺

ⓐ A ( ) brightens the street.

ⓑ She is on top of a ( ).

ⓒ I breathed fresh ( ).

ⓓ A mouse ran into the ( ).

ⓔ Little birds fly in a ( ).

정답 ❶ - ⓒ, ❷ - ⓔ, ❸ - ⓓ, ❹ - ⓐ, ❺ - ⓑ

빈칸에 들어갈 단어의 스펠링을 올바르게 나열해요.

❶ He fell because of the _____.

그는 나뭇가지 때문에 넘어졌다. (rbnach)

❷ Look at the _____ light.

밝은 햇빛을 보세요. (ribhgt)

❸ There is hardly any water in the _____.

사막에는 물이 거의 없다. (edesrt)

❹ He came into the _____.

그는 숲속으로 들어갔다. (ofesrt)

❺ It is hot, humid _____.

후덥지근한 날씨군. (eawthre)

정답 ❶ branch ❷ bright ❸ desert ❹ forest ❺ weather

1. animal   동물   animal

2. wonderful   훌륭한   wonderful

3. environment   환경   environment

4. field   들판   field

5. island   섬   island

6. future   미래   future

7. storm   폭풍   storm

8. invent   발명하다   invent

혓바닥 e

 혓바닥 없는 c

 머리묶은 a

 동글이 o

Part

11

Essential
Vocabulary

중학교 가기 전
필수 어휘

11 중학교 가기 전 필수 어휘

○ 셀 수 있는 명사(countable nouns)

보통명사, 집합명사 등이 있는데, 아래의 숙어들은 모두 셀 수 있는 명사 앞에 붙어 '많은' 이라는 의미를 나타내죠.

many
많은
There are **many** cookies in the Cookie House.
과자 집에는 **많은** 과자가 있다.

a number of
다수의, 얼마간의
There are **a number of** people in the room.
그 방에 **많은** 사람들이 있다.

a great many
꽤[아주] 많은
I wish I had **a great many** friends.
좋은 친구들이 **아주 많이** 있었으면 좋겠어.

a lot of
많은
There are **a lot of** chocolates in this shop.
이 가게에는 **많은** 초콜릿이 있다.

lot's of
수많은
If I had **lot's of** balloons I could fly.
풍선을 **많이** 가지고 있다면 날 수도 있을 거야.

not a few
꽤 많은 수(의)
My clothes are many, **not a few**.
나는 옷이 **꽤 많아요**.

quite a few
상당수
In the universe there were **quite a few** dinosaurs.
세계에는 **꽤 많은** 공룡이 있었다.

◦ 셀 수 없는 명사(uncountable nouns)

추상명사, 고유명사, 물질명사 등이 있는데, 아래의 숙어들은 모두 셀 수 없는 명사 앞에 붙어 '많은' 이라는 의미를 나타내죠. 셀 수 없는 명사 앞에는 a/an이 붙지 않고, 복수일 때 형태도 변하지 않아요. 예를 들어 단수형일 때는 air, 복수형일 때도 air 이고 많은 이라는 의미를 나타내려면 much air 라고 표현하여 단수 취급을 하면 돼요.

much [mʌtʃ]
많은
It would be great if there was **much** snow.
눈이 **많이** 왔으면 좋겠어.

a good deal of
다량의
I have **a good deal of** money.
나는 돈이 **많아**.

a great quantity of
다량의
I would like to eat **a great quantity of** bread.
나는 빵을 **엄청 많이** 먹고 싶어.

plenty of
많은
I need **plenty of** time.
나에게는 **많은** 시간이 필요해요.

not a little
적지 않게, 크게
I was **not a little** angry.
나 **아주 많이** 화났었어.

quite a little
많은, 다량의
I drink **quite a little** juice.
나는 주스를 **많이** 마셔.

◦ 수량형용사

영어에는 셀 수 있는 명사가 있고 셀 수 없는 명사가 있어요. 가산명사와 불가산명사 앞에 쓸 수 있는 형용사도 각각 다르답니다. 셀 수 있는 명사 앞에서는 many, few, a few를, 셀 수 없는 명사 앞에서는 much, little, a little을 쓴답니다.

few [fjuː]
(수가) 많지 않은
I have **few** stickers.
나는 스티커가 **거의 없어요**.

a few

어느 정도, 조금
I have made **a few** friends.
나는 친구 **몇몇**을 사귀었어.

only a few

단지, 소수의
Only a few own that car.
극소수의 사람들만이 그 자동차를 가지고 있다.

little [lítl]

거의 없는
There is **little** room for the elephant.
코끼리를 위한 방은 **거의 없다**.

a little

약간의
I have **a little** toy gun.
나는 장난감 총을 **좀** 가지고 있어.

ㅇ 조동사

다른 동사 앞에 붙어 능력 · 허가 · 추측 · 제안 · 의무 · 충고 등의 의미를 더하는 동사예요. 주어의 인칭과 수에 관계없이 항상 형태가 같고 형식은 '조동사+동사원형'이에요.

can [kən (k·g 앞에서) kǽn]

~할 수 있다
I **can** play football well.
나는 축구를 잘**할 수** 있어요.

might [mait]

~해도 된다
You **might** play the game.
게임 **해도 된다**.

must [məst; (강) mʌst]

~해야 한다
You **must** sleep less.
너는 잠을 줄**여야 해**.

have to

~해야 한다
I **have to** exercise.
나는 운동을 **해야만 해**.

have got to
~해야 한다
You **have got to** clean your room.
넌 방청소를 **해야 해**.

do not have to
~할 필요가 없다
You **do not have to** study today.
오늘은 공부할 **필요가 없단다**.

need not
할 필요가 없다, ~하지 않아도 된다
You **need not** fear him.
그를 무서워 **할 필요는 없어**.

must not
~해서는 안 된다
You **must not** tell lies.
거짓말**해서는 안 된단다**.

had better
~하는 것이 좋을 것이다(꼭 그래야 함을 뜻함)
You **had better** open the door.
문을 열어**두었으면 좋겠구나**.

should
~해야 한다
You **should** wash.
너 좀 씻**어야겠다**.

should rather
~해야 한다
You **should rather** concentrate in class.
수업시간에 집중**하는 게 좋겠구나**.

should have p.p
~했어야 했다
You **should have gone** to bed early.
일찍 잤**으면 좋았을 텐데**.

may
~해도 될까요?
May I watch TV?
TV 봐**도 되나요**?

could
~해도 될까요?
Could I play with my friends?
친구랑 놀아**도 되나요**?

would you	～해도 될까요? **Would you** like to eat? 먹을 것 좀 **드실래요?**
could you	～해줄 수 있어요? **Could you** do me a favor? 부탁 하나만 들어**줄 수 있어?**
could	～해보는 게 좋을 거 같은데 It would be good if I **could** read many books. 책을 많이 읽어 **보는 게 좋을 텐데.**
would	～하곤 했다 At night he **would** go out. 그는 밤에 집을 나가**곤 했다.**
used to	～하곤 했다(과거에 했지만 현재에는 하지 않음) I **used to** catch frogs in the summer. 여름이면 개구리를 잡**곤 했다.**

○ 등위접속사

명사와 명사, 동사와 동사, 전치사구와 전치사구, 절과 절을 동등하게 연결하는데요. 문법적으로 같은 성분을 연결해주기 때문에 명사와 동사를 연결하거나 구와 절을 동등하게 등위접속사로 연결할 수는 없어요.

A and B	A와 B 둘 다 You **and** I should meet. 너**와** 나는 만나야만 해.
A but B	B가 아닌 A I met your friend **but** him 나는 그가 **아니라** 너의 친구를 만났었어.
A or B	A 또는 B Do you prefer him **or** me? 너는 그와 나 **중에서** 누가 더 좋아?

A so B

A 여서 B
I was late **so** I missed the bus.
저는 늦어**서** 버스를 놓쳤어요.

A for B

A를 B로
He gave dollars **for** won.
그는 달러를 원화**로** 주었다.

○ 상관접속사

두 개의 접속사가 한 쌍이 되어 같이 다니는 접속사를 말하는 거예요. 등위접속사처럼 단어는 단어와, 부정사구는 부정사구와, 절은 절과 동등하게 연결해요.

both A and B

A와 B 둘 다
Both you **and** I like ice cream.
너**와** 나 **둘 다** 아이스크림을 좋아하지.

not A but B

A가 아니라 B
Don't be late **but** drive carefully.
늦더**라도** 운전 조심해서 해.

either A or B

A와 B 둘 중 하나
He is now **either** in London **or** in Paris.
그는 현재 런던**이나** 파리 **중 어느 한 곳**에 있다.

neither A nor B

A와 B 둘 다 ～아니다
Neither he **nor** I will go.
그와 나 **모두** 가지 **않을** 거야.

not only A but also B

A 뿐만 아니라 B도
I like **not only** you **but also** your sister.
나는 너**뿐만 아니라** 너의 여동생도 좋아해.

등위접속사가 대등하게 단어와 문장을 연결한다면, 종속접속사는 한쪽이 주인(주절), 다른 한쪽이 종(종속절)이 되게 연결합니다.

구와 절은 무엇일까요? 두 개 이상의 단어가 모이는 것을 구 또는 절이라고 하는데요.

- **구**는 주어와 동사가 없어요. **ex** in London or in Paris
- **절**은 주어와 동사가 있어요. **ex** When I was young, I was fat.

rather than	~보다는
	The car is solid, **rather than** pretty.
	그 자동차는 예쁘다기**보다는** 튼튼하다.
before [bifɔ́ːr, bə-]	~하기 전에
	I go to bed **before** 11:00 in the evening.
	나는 밤 11시 **전에** 잠자리에 든다.
even if	~에도 불구하고
	Even if you do not like it, you must do it.
	싫**더라도** 꼭 해야 해.
even though	비록 ~일지라도
	Even though she is thin she eats a lot.
	비록 그녀는 말랐**지만** 많이 먹는다.
if [if]	만약 ~하면
	If I were rich enough, I would buy it.
	돈이 충분**하다면** 그것을 살 텐데.

in order that/to

~하기 위해, ~할 수 있도록

In order to be healthy she exercises.

그녀는 건강을 **위해** 운동한다.

once [wʌns]

한 번, (과거의) 언젠가

I **once** was popular.

나는 **한때** 인기가 많았어.

provided that

~하거든

I will buy it **provided that** it is cheap.

할인을 **해 준다면** 살게요.

whenever [hwenévər]

~할 때는 언제든지

I will see you **whenever** you come.

네가 **언제 오든지** 나는 널 만날 거야.

though [ðou]

비록 ~이긴 하지만

Though it is early I will go.

비록 이르긴 **하지만** 나는 갈 거예요.

unless [ənlés]

~하지 않는 한

Unless you pay you cannot buy.

지불**하지 않으면** 구입할 수 없단다.

whether [hwéðər]

~인지, ~이든

whether I like it or not, I am a Korean.

좋**으나** 싫**으나** 나는 한국인이다.

while [hwail]

~하는 동안

Talk **while** I eat.

내가 먹는 **동안** 말해봐.

who, which, whose, whom, that이 있으며 [접속사+대명사]의 역할을 해요.
관계대명사 뒤에는 완전한 문장이 오지 못하고, 주어나 목적어 혹은 보어가 빠진 불완전한 문장이 오게 됩니다.

that [ðæt]

~라는 것
Where is the box **that** came last week.
지난주에 온 박스 어디에 있니?

which [hwitʃ]

(의문문에서) 어느, 어느 것
Which one is the faster of the two?
둘 중 **어느** 게 더 빨라요?

whoever [huːévər]

누구든, ~하는 사람들, 누가 ~하든
Come out of there, **whoever** you are.
당신이 **누구든** 거기서 나오세요.

whichever [hwìtʃévər]

어느 쪽이든
Take **whichever** you want.
어느 것이나 원하는 것을 가져라.

whom [huːm]

~를, ~에게
Whom did they pick?
그들은 **누구를** 선택했나요?

whose [huːz]

(의문문에서) 누구의
Whose uniform is this?
이것은 **누구의** 체육복이냐?

who [huː]

누구
Who is that boy?
저 애는 **누구**니?

when(시간), where(장소), why(이유), how(방법) 4가지가 있어요.

when [hwən]

~할 때
When I was young, I was fat.
어렸을 **때** 나는 뚱뚱했어.

where [hwɛər]

어디에, 어디로
This is **where** I live.
이곳이 내가 사는 **곳**이야.

why [hwai]

왜, 어째서
Why do you want to know?
왜 알고 싶니?

how [hau]

어떻게
Do you know **how** to read this word?
이 단어 **어떻게** 읽는지 아세요?

cup [kʌp]　　　명 컵
This is a **cup**.
이것은 **컵**이다.

fork [fɔːrk]　　　명 포크
Eat the fruit with a **fork**.
과일은 **포크**로 먹어라.

knife [naif]　　　명 칼
You can cut the meat with a **knife**.
당신은 **칼**로 고기를 썰 수 있어요.

spoon [spuːn]　　　명 숟가락
He eats the soup with a **spoon**.
숟가락으로 스프를 먹는다.

chopsticks [tʃápstiks] 명 젓가락
I use **chopsticks** well.
나는 **젓가락**질을 잘해.

boil [bɔil]　　　통 끓다
I **boil** the water in a kettle.
주전자로 물을 **끓여요**.

bowl [boul]　　　명 그릇
Put the salad in the **bowl**.
그릇에 샐러드를 담으렴.

dish [diʃ]　　　명 접시
Fill the **dish** as much as you can eat.
접시에 먹을 만큼만 담아라.

cabinet [kǽbənit]　　　명 찬장
There are cups in the **cabinet**.
찬장 안에는 컵들이 있다.

oven [ʌvən]　　　명 오븐
I make bread with an **oven**.
오븐으로 빵을 만들어요.

toaster [tóustər]　　　명 토스터
I toast bread in the **toaster**.
토스터에 빵을 구워요.

refrigerator [rifrídʒərèitər] 명 냉장고
I take ice cream out of the **refrigerator**.
냉장고에서 아이스크림을 꺼내요.

pot [pat]　　　명 냄비
I boil ramyon in the **pot**.
냄비에 라면을 끓여요.

frying pan [fraiŋ pæn] 명 프라이팬
There is a fried egg in the **frying pan**.
프라이팬에 달걀 프라이가 있다.

ladle [léidl]　　　명 국자
I scoop up the soup with a **ladle**.
국자로 국을 떠요.

faucet [fɔ́ːsit]　　　명 수도꼭지
Turn off the water from the **faucet**.
수도꼭지의 물을 잠궈라.

kettle [kétl]　　　명 주전자
There is tea in the **kettle**.
주전자에는 차가 들어 있다.

blender [bléndər]　　　명 믹서기
With the **blender** I squeeze fruit.
믹서기로 과일을 갈아요.

cheese [tʃiːz]   명 치즈

There is **cheese** beside the butter.
버터 옆에 **치즈**가 있다.

butter [bʌtər]   명 버터

I spread **butter** on the bread.
빵에 **버터**를 발라요.

sugar [ʃúgər]   명 설탕

Put in a little **sugar**.
설탕은 조금만 넣으렴.

pepper [pépər]   명 후추

Scatter **pepper** on the soup.
수프 위에 **후추**를 뿌려라.

vinegar [vínəgər]   명 식초

The **vinegar** is indeed sour.
식초는 정말 시다.

soup [suːp]   명 수프

He filled the dish with **soup**.
수프를 가득 떴다.

noodle [núːdl]   명 국수

The **noodle** was boiled.
국수를 많이 삶았다.

nuts [nʌts]   명 견과

Nuts are good for the health.
견과류는 건강에 좋다.

candy [kǽndi]   명 캔디

There are many pretty **candies**.
예쁜 **캔디**가 많이 있다.

cookie [kúki]   명 쿠키

There are various **cookies** here.
여기에 여러 종류의 **쿠키**가 있다.

cake [keik]   명 케이크

The birthday **cake** needs a candle.
생일 **케이크**에는 초가 필요하다.

donut [dóunət]   명 도넛

The **donut** is in the shape of a cube.
도넛은 튜브 모양이다.

beef [biːf]   명 쇠고기

Cook the **beef** lightly and eat it.
쇠고기는 살짝 익혀 먹는다.

steak [스테이크]   명 스테이크

Please cook the **steak** well.
스테이크는 완전히 익혀 주세요.

pork [pɔːrk]   명 돼지고기

Cook the **pork** and eat it.
돼지고기는 요리해서 드세요.

bacon [béikən]   명 베이컨

Roast the **bacon** and eat.
베이컨은 구워서 드세요.

chicken [tʃíkən]   명 닭고기

This is a roast **chicken**.
이것은 **통닭**구이다.

beverage [bévəridʒ]   명 음료수

I want to drink a **beverage**.
음료수가 마시고 싶어요.

cabbage [kǽbidʒ]　명 양배추

The **cabbage** has a round shape.

양배추는 동그란 모양이다.

lettuce [létis]　명 상추

Wrap meat in **lettuce** and eat.

고기를 **상추**에 싸 먹는다.

celery [séləri]　명 셀러리

Celery is good in a diet.

셀러리는 다이어트에 좋다.

spinach [spínitʃ]　명 시금치

Spinach is green.

시금치는 녹색이다.

bean [biːn]　명 콩

Beans are healthy food.

콩은 건강식품이다.

cucumber [kjúːkʌmbər]　명 오이

Cucumber can be spread on the face.

오이는 피부에 붙일 수 있다.

pumpkin [pʌmpkin]　명 호박

Pumpkins are orange.

호박은 오렌지색이다.

eggplant [égplæ̀nt]　명 가지

Eggplants are purple.

가지는 보라색이다.

tomato [təméitou]　명 토마토

The soup is made from **tomatoes**.

토마토로 수프를 만들어.

carrot [kǽrət]　명 당근

Horses like **carrots**.

말은 **당근**을 좋아한다.

radish [rǽdiʃ]　명 무

Radishes are white.

무는 하얗다.

potato [pətéitou]　명 감자

Boil **potatoes** and eat.

감자는 삶아 먹는다.

red pepper [red pépər]　명 고추

This is a very hot red **pepper**.

이것은 엄청 매운 **고추**다.

onion [ʌ́njən]　명 양파

The skins of the **onion** are many.

양파 껍질은 여러 겹이다.

garlic [gáːrlik]　명 마늘

Dracula hates **garlic**.

드라큘라는 **마늘**을 싫어한다.

mushroom [mʌ́ʃruːm]　명 버섯

This **mushroom** is in the shape of a house.

이 **버섯**은 집 모양이다.

268

apple [ǽpl]　　명 사과

Eat **apples** in the morning.
사과는 아침에 먹어라.

peach [piːtʃ]　　명 복숭아

Peaches are like hips.
복숭아는 엉덩이를 닮았다.

pear [pɛər]　　명 배

Pears are good for digestion.
배는 소화에 좋다.

banana [bənǽnə]　　명 바나나

Monkeys eat **bananas**.
원숭이는 **바나나**를 먹는다.

plum [plʌm]　　명 자두

Plums can be dried and eaten.
자두는 말려서 먹을 수 있다.

kiwi fruit [kíːwi]　　명 키위

Kiwi fruits are yellowish.
키위는 연두색이다.

mango [mǽŋgou]　　명 망고

There is a big seed in the **mango**.
망고 안에는 큰 씨가 있다.

coconut [kóukənʌt]　　명 코코넛

In the tropics there are many **coconuts**.
열대지방에는 **코코넛**이 많다.

pineapple [páɪnæpl]　　명 파인애플

Pineapple is the house of The SpongeBob.
파인애플은 스펀지 밥의 집이다.

watermelon [wɔ́ːtərmelən]　　명 수박

Watermelon is eaten in the summer.
수박은 여름에 먹는다.

lemon [lémən]　　명 레몬

Lemons are full of vitamin C.
레몬에는 비타민 C가 풍부하다.

melon [mélən]　　명 멜론

Melons are sweet and delicious.
멜론은 달고 맛있다.

orange [ɔ́rindʒ, ʌr-]　　명 오렌지

The skin of an **orange** is thick.
오렌지는 껍질이 두껍다.

grape [greip]　　명 포도

Wine is made from **grapes**.
포도로 와인을 만든다.

cherry [tʃéri]　　명 체리

Cherries are small and red.
체리는 작고 빨갛다.

strawberry [strɔ́ːbèri]　　명 딸기

Jam is made from **strawberries**.
딸기로 잼을 만든다.

white [hwait]

명 흰색

His foot is **white**.
그의 발은 **흰색**이다.

red [red]

명 빨간색 형 붉은, 빨간

Maple is **red**.
단풍잎은 **빨갛**다.

orange [ɔ́rindʒ]

명 주황색

Orange leaves are beautiful.
주황색 잎이 예쁘다.

yellow[jélou]

명 노랑색

The leaf is **yellow**.
그 잎은 **노란색**이다.

green [griːn]

명 녹색

grass is **green**.
풀잎은 **녹색**이다.

blue [bluː]

명 파란색

This is a **blue** sign.
이것은 **파란색** 표지판이다.

purple [pɔ́ːrpl]

명 보라색

The sky is **purple**.
하늘이 **보랏빛**이다.

brown [braun]

명 갈색

Trees are **brown**.
나무들은 **갈색**이다.

pink [piŋk]

명 분홍

A **pink** sky is beautiful.
분홍빛 하늘이 아름답다.

black [blæk]

명 검은색 형 검은, 흑색의

The shadow is **black**.
그림자는 **검은색**이다.

gray[grei]

명 회색

His hair is **grey**.
그의 털은 **회색**이다.

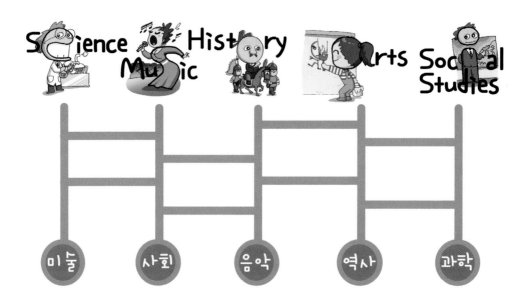

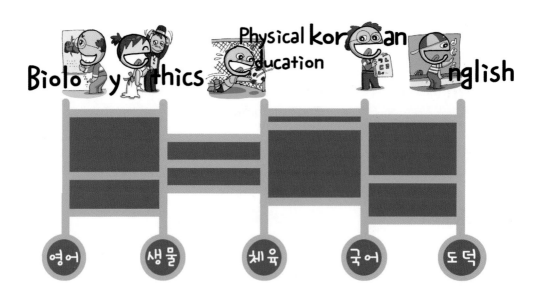

Korean [kərí:ən]

명 국어

We did writing in the **Korean** language class.
국어 시간에 글짓기를 했다.

Mathematics
[mæθəmǽtiks]

명 수학

In the **Mathematics** class we learnt addition.
수학 시간에 덧셈을 배웠다.

Social Study

명 사회

In **Social** Studies we looked at a wold map.
사회 시간에 세계지도를 보았다.

Science [sáiəns]

명 과학

In **Science** class we did an experiment.
과학 시간에 실험을 했어.

English [íŋgliʃ]

명 영어

In **English** class we learnt the alphabet.
영어 시간에 알파벳을 배웠다.

Music [mjú:zik]

명 음악

In **Music** class we sang the school song.
음악 시간에 교가를 불렀다.

Technology [teknálədʒi] **명** 기술

In **Technology** class we made a table with wood.
기술 시간에 나무로 탁자를 만들었다.

Ethics [éθiks]

명 도덕

In **Ethics** class we learnt the way to bow.
도덕 시간에 바르게 인사하는 법을 익혔다.

Biology [baiálədʒi]

명 생물

In **Biology** we learnt about the human body.
생물 시간에 인체에 관해 배웠다.

Physical Education
[fízikəl èdʒukéiʃən]

명 체육

In **Physical Education** we scored a goal.
체육 시간에 골을 넣었다.

History [hístəri]

명 역사

In **History** class we learnt about Bo Hai.
역사 시간에 발해에 관해 배웠다.

Arts [a:rt]

명 미술

In **Arts** class we drew landscapes.
미술 시간에 풍경화를 그렸다.

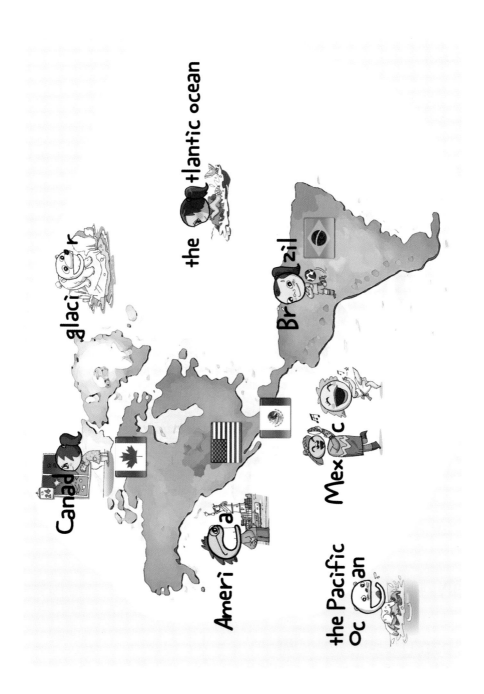

Australia [ɔ(ː)stréiljə]
🅟 호주, 오스트레일리아
In **Australia** there are many kangaroos.
호주에는 캥거루가 많다.

Brazil [brəzíl]
🅟 브라질
Brazil is good at football.
브라질은 축구를 잘한다.

Canada [kǽnədə]
🅟 캐나다
The maple leaf is on the Canadian flag.
캐나다 국기에는 단풍잎이 있다.

China [tʃáinə]
🅟 중국
The population of **China** is very large.
중국은 인구가 너무 많다.

Egypt [íːdʒipt]
🅟 이집트
The Pyramids are in **Egypt**.
이집트에는 피라미드가 있다.

France [fræns]
🅟 프랑스
In **France** there are many famous paintings.
프랑스는 명화가 많다.

Germany [dʒə́ːrməni]
🅟 독일
German people like to drink beer.
독일 사람들은 맥주를 즐겨 마신다.

Hungary [hʌ́ŋɡəri]
🅟 헝가리
A summer musical concert was held in **Hungary**.
헝가리에서 여름 음악회가 열렸다.

India [índiə]
🅟 인도
India people often use Yoga.
인도 사람들은 요가를 자주 한다.

Indonesia [indəníːʒə, -ʃə]
🅟 인도네시아
There are many islands in **Indonesia**.
인도네시아는 섬이 많다.

Italy [ítəli]
🅟 이탈리아
The Colosseum is in **Italy**.
이탈리아에는 콜로세움이 있다.

Japan [dʒəpǽn]
🅟 일본
Earthquakes often occur in **Japan**.
일본은 지진이 자주 일어난다.

276

Mexico [méksikòu]   명 멕시코

Mexican people enjoy dancing.
멕시코 사람들은 춤을 즐긴다.

Norway [nɔ́ːrwei]   명 노르웨이

Norway in northern Europe is very cold.
북유럽에 있는 **노르웨이**는 매우 춥다.

South Korea   명 대한민국

Korean people like to eat kimchi.
대한민국 사람들은 김치를 먹는다.

Africa [ǽfrikə]   명 아프리카

The Cape of Good Hope is in South **Africa**.
남**아프리카**에는 희망봉이 있다.

Russia [rʌʃə]   명 러시아

In **Russia** the territory is wide.
러시아는 영토가 넓다.

Saudi Arabia   명 사우디아라비아

There is much oil in **Saudi Arabia**.
사우디아라비아는 석유가 많다.

Spain [spein]   명 스페인

The **Spanish** people like bullfights.
스페인 사람들은 투우를 즐긴다.

the United Kingdom   명 영국

It rains often in the **the United Kingdom**.
영국은 비가 자주 온다.

America [əmérikə]   명 미국

In **America** there is the Statue of Liberty.
미국에는 자유의 여신상이 있다.

the Pacific Ocean   명 태평양

The greatest ocean is **the Pacific Ocean**.
가장 큰 바다는 **태평양**이다.

the Atlantic Ocean   명 대서양

The Atlantic Ocean is between America and Europe.
대서양은 미국과 유럽 사이에 있다.

glacier [gléiʃər]   명 빙하

Glaciers are many in the North Pole.
북극에는 **빙하**가 많이 있다.

head

hair

face

eye

ear

nose

mouth

tooth

neck

chest

arm

hand

wrist

waist

palm

finger

thigh

knee

leg

foot

head [hed]   명 머리

Baby's **heads** are big.
아기들은 **머리**가 크다.

hair [hɛər]   명 머리카락

Your **hair** is brown.
네 **머리카락**은 갈색이구나.

face [feis]   명 얼굴

My **face** is round.
내 **얼굴**은 동그랗다.

ear [iər]   명 귀

She has a quick **ear**.
그녀는 **귀**가 예민해.

tooth [tu:θ]   명 이

The baby lost a **tooth**.
그 아기는 **이**를 뽑았어.

mouth [mauθ]   명 입

He put a candy in his **mouth**.
그는 사탕 한 개를 **입**에 넣었다.

nose [nouz]   명 코

Her **nose** is blocked.
그 애는 **코**가 막혔단다.

neck [nek]   명 목

Her **neck** is long.
그 애는 **목**이 길구나.

arm [ɑːrm]   명 팔

The baby grabbed her mother's **arm**.
아이가 엄마의 **팔**을 잡았다.

chest [tʃest]   명 가슴

I have pain in my **chest**.
가슴에 통증이 느껴져.

hand [hænd]   명 손

The baby's **hand** is small.
그 아이의 **손**은 작다.

finger [fíŋgər]   명 손가락

He pointed with his **finger**.
그는 **손가락**으로 가리켰다.

eye [ai]   명 눈

Her **eyes** are brown.
그녀의 **눈**은 갈색이다.

leg [leg]   명 다리

There is much hair on his **leg**.
그는 **다리**에 털이 많다.

foot [fut]   명 발

He hurt his **foot**.
그는 **발**을 다쳤다.

elbow [élbou]   명 팔꿈치

I caught her by the **elbow**.
나는 그녀를 **팔꿈치**로 잡았어.

waist [weist]   명 허리

Her **waist** is slim.
그녀는 **허리**가 잘록해.

knee [ni:]   명 무릎

There is bruise on his **knee**.
그는 **무릎**에 멍이 들었어.

ankle [ǽŋkl]   명 발목

His **ankle** was sprained.
그는 **발목**을 삐었다.

wrist [rist]   명 손목

She has a watch on her **wrist**.
그녀는 **손목**에 시계를 차고 있어.

blouse

T-shirt

jean

shirt

pajama

skirt

vest

jacket

raincoat

nightgown

sweater

dress

trousers

coat

uniform

cheer

blouse [blaus, blauz] 명 블라우스

The **blouse** matches the skirt.

블라우스와 치마는 잘 어울린다.

T-shirt 명 티셔츠

T-shirts are shaped like a T.

티셔츠는 T 모양이다.

jean [dʒiːn] 명 청바지

Jeans don't tear easily.

청바지는 잘 찢어지지 않는다.

shirt [ʃəːrt] 명 셔츠

Shirts get dirty easily.

셔츠는 때가 잘 탄다.

pajama [pədʒáːmə] 명 파자마(잠옷)

I wear **pajamas** when I sleep.

나는 잠옷을 입고 잠을 자.

skirt [skəːrt] 명 치마

Skirts are usually worn by women.

치마는 여자들이 주로 입는다.

vest [vest] 명 조끼

Vests have no arms.

조끼는 팔이 없다.

jacket [dʒǽkit] 명 재킷

The **jacket** is tight.

재킷이 꽉 껴요.

raincoat [réinkòut] 명 비옷

When it rains I wear a **raincoat**.

비가 올 때 나는 비옷을 입어.

nightgown [náitgàun] 명 잠옷

I wear a **nightgown** after I bath.

난 목욕하고 잠옷을 입어요.

sweater [swétər] 명 스웨터

Static forms on the **sweater**.

스웨터는 정전기가 일어난다.

dress [dres] 명 드레스, 원피스

When I go to a party I wear a **dress**.

파티에 갈 때 드레스를 입어요.

trousers [tráuzərz] 명 바지

The **trousers** are torn.

바지가 찢어졌다.

pants [pænts] 명 바지

I bought new **pants**.

나 바지 새로 샀어.

coat [kout] 명 외투, 코트

In the winter I wear a **coat**.

겨울엔 코트를 입어요.

uniform [júːnəfɔ̀ːrm] 명 유니폼

Athletes wear **uniforms**.

운동선수들은 유니폼을 입는다.

boot

sneakers

slipper

sandal

sports wear

shoes

panties

bra

backpack

book bag

hat

shorts

umbrella

scarf

282

boot [buːt] 　명 부츠

I put on **boots** in winter.
겨울에는 **부츠**를 신어요.

sneakers [sníːkərz] 명 운동화

There are many types of **sneakers**.
운동화에는 종류가 많다.

slipper [slípər] 　명 슬리퍼

I put on **slippers** in the classroom.
교실에서 **슬리퍼**를 신어요.

sandal [sǽndl] 　명 샌들

Sandals don't need stockings.
샌들은 양말이 필요 없다.

sportswear 　명 운동복

When we do exercise I wear **sportswear**.
운동할 때 **운동복**을 입어요.

shoes [ʃuː] 　명 구두

When I go to work I wear **shoes**.
출근할 때 **구두**를 신어요.

panties [pǽntiz] 　명 팬티

I put on **panties** first, then trousers.
먼저 **팬티**를 입고 바지를 입어요.

bra [braː] 　명 브래지어

There are various types of **bras**.
여기에 여러 종류의 **브래지어**가 있다.

backpack [bǽkpæk] 명 배낭

I put on a **backpack** and go on a trip.
배낭을 메고 여행을 가요.

book bag 　명 책가방

In the **book bag** is a pencil.
책가방 안에는 연필이 있다.

hat [hæt] 　명 모자

The **hat** blocks the sunshine.
모자는 햇빛을 가려 준다.

shorts [ʃɔːrts] 　명 반바지

Shorts are cool.
반바지는 시원하다.

umbrella [ʌmbrélə] 명 우산

The wind blew the **umbrella** inside out.
바람이 불어 **우산**이 뒤집어졌다.

scarf [skaːrf] 　명 스카프

The **scarf** protects the throat.
스카프는 목을 보호한다.

glove   tie   handker chief   button   ribbon

jewelry   ring   earring   necklace   bracelet

hair pin   watch   key

wallet   belt

sunglass   glasses

glove [glʌv]   **명** 장갑
Gloves protect the hands.
장갑은 손을 보호해준다.

tie [tai]   **명** 넥타이
When I dress up, I wear a **tie**.
정장을 입을 때 **타이**를 매요.

handkerchief [hǽŋkərtʃif]   **명** 손수건
I wipe the sweat off with a **handkerchief**.
손수건으로 땀을 닦아요.

button [bʌtən]   **명** 단추
Buttons fall off easily.
단추는 잘 떨어진다.

ribbon [ríbən]   **명** 리본
When packing I put on a **ribbon**.
리본은 포장할 때 매요.

jewelry [dʒúːəlri]   **명** 보석류, 장신구
Jewelry is expensive.
보석은 비싸.

ring [riŋ]   **명** 반지
When I confess I use a **ring**.
고백할 때 나는 **반지**를 사용해.

earring [ɪrɪŋ]   **명** 귀걸이
The **earring** glitters.
귀걸이가 반짝반짝 빛난다.

necklace [néklis]   **명** 목걸이
My mother wears a gold **necklace**.
엄마는 금 **목걸이**를 하신다.

bracelet [bréislit]   **명** 팔찌
I put a silver **bracelet** on my finger.
손에 은**팔찌**를 찼어요.

hair pin [herpɪn]   **명** 머리핀
My sister's **hair pin** is pretty.
동생의 **머리핀**이 예쁘다.

watch [watʃ]   **명** 손목시계
The **watch** is broken.
손목시계가 고장 났다.

key [kiː]   **명** 열쇠
I lost the **key**.
저 열쇠를 잃어 버렸어요.

wallet [wálit]   **명** 지갑
There is no money in the **wallet**.
지갑에 돈이 없어.

belt [belt]   **명** 벨트
I got a **belt** as a birthday present.
나는 생일선물로 **벨트**를 선물 받았어.

sunglass [sʌnglæs]   **명** 선글라스
I put on **sunglasses**.
선글라스를 꼈어요.

glasses   **명** 안경
I bought new **glasses**.
안경을 새로 맞췄어요.

286

grandparent
[grǽndpɛərənt]

명 조부(모)

I love to visiting my **grandparents'** home.
난 **조부모**님 집에 가는 걸 좋아해요.

grandfather
[grǽndfɑːðər]

명 할아버지

My **grandfather** loves me.
할아버지는 나를 귀여워 하셔요.

mother [mʌðər]

명 어머니

I love my **mother**.
나는 **엄마**를 사랑해요.

aunt [ænt, ɑːnt]

명 고모, 이모, 아줌마

My **aunt** is my mother's sister.
이모는 엄마의 여동생이다.

uncle [ʌŋkl]

명 삼촌, 아저씨

My **uncle** lives in Gangwan-do.
삼촌은 강원도에 살고 계셔.

daughter [dɔ́ːtər]

명 딸

That child is my **daughter**.
저 애가 내 **딸**이에요.

son [sʌn]

명 아들

On weekends I play with my **son**.
나는 주말에 **아들**과 놀아요.

grandson [grǽndsʌn]

명 손자

I am my grandfather's **grandson**.
나는 우리 할아버지의 **손자**입니다.

old [ould]

명 노인 **형** 늙은

That **old** person writes well.
그 **노인**은 글을 잘 쓰신다.

senior [síːnjər]

명 선배, 상급자의

That **senior** is friendly.
저 **선배**는 친절하다.

junior [dʒúːnjər]

명 손아래의, 후배의

Many **juniors** came into the school.
학교에 **후배**들이 많이 들어왔다.

teenager [tíːnèidʒər]

명 십대

Dream as a **teenager**.
십대에 꿈을 가져라.